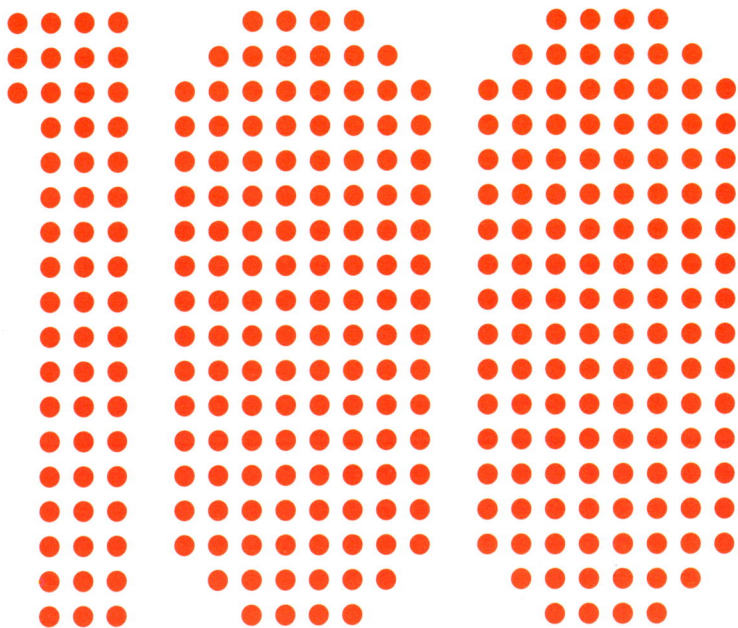

100个热词
了解新时代中国

顾问：刘伟玲

主编：曾庆锴 王蕾　副主编：陈欢

编者：吴迪

北京语言大学出版社
BEIJING LANGUAGE AND CULTURE
UNIVERSITY PRESS

©2023 21世纪报社 & 北京语言大学出版社，社图号 22161

图书在版编目（CIP）数据

100个热词了解新时代中国 ／ 曾庆锴，王蕾主编 ；
陈欢副主编 ；吴迪编. -- 北京 ：北京语言大学出版社，
2023.1

ISBN 978-7-5619-6216-9

Ⅰ．①1… Ⅱ．①曾… ②王… ③陈… ④吴… Ⅲ．①
社会主义建设成就－中国 Ⅳ．①D619

中国版本图书馆CIP数据核字(2022)第242103号

100 个热词了解新时代中国

100 GE RECI LIAOJIE XIN SHIDAI ZHONGGUO

责任编辑：赵敏亚　黄慧娟
责任印制：周　燚
封面设计：奇文云海

出版发行：北京语言大学出版社
社　　址：北京市海淀区学院路 15 号，100083
网　　址：www.blcup.com
电子信箱：service@blcup.com
电　　话：编 辑 部　8610-82303415
　　　　　发 行 部　8610-82303650/3591/3648
　　　　　北语书店　8610-82303653
　　　　　网购咨询　8610-82303908
印　　刷：天津嘉恒印务有限公司

版　　次：2023 年 1 月第 1 版　　印　　次：2023 年 1 月第 1 次印刷
开　　本：889 毫米 ×1194 毫米　1/32　印　张：7.375
字　　数：101 千字
定　　价：99.00 元

前　言

触摸十年中国温度，解码十年沧桑巨变。从 2012 年到 2022 年，中国的砥砺前行在点滴中留下了其专属的时代特色词语。这些热词被历史书写，同时也见证历史，展现了中国在高质量发展中奋力迈向中国式现代化。

由中国日报社 21 世纪报社策划、北京语言大学出版社出版的《100 个热词了解新时代中国》将 100 个具有新时代特色的热词串联起来，开启了一场了解新时代中国的旅行。作为感知社会发展最敏锐的神经末梢，这些热词以小见大、见微知著，带领读者窥见中国社会的不同切面，领略中国各地日新月异的发展变化，感受新时代中国的伟大变革。

从 2012 年党的十八大到 2022 年党的二十大，在中国共产党的领导下，中国走向了更广阔的国际舞台，中国每一天都在以日新月异的速度前进着。要实现科技自立自强，国之重器当先行，"神舟九号""辽宁舰""天宫二号""复兴号""嫦娥五号""山东舰"等展现了中国强健有力的科技创新步伐；"新四大发明""物联网""5G"等科技创新已经融入中国人民日常生活的方方面面，给无数产业注入蓬勃发展的动能，也深刻影响着世界的发展。

本书分为中、英文两个版本，以口袋书的形式描绘了 2012 年至 2022 年之间中国的重大历史变迁和深刻社会变革，内容丰富、可读性强，是中外读者了解新时代中国发展进程必不可少的好书。同时，本书还能作为中学生、大学生、翻译工作者和英语爱好者进行专业领域学习、工作时的双语对照参考书。

与其他同类图书相比，本书具有以下几大特点：

一、选材专业，内容广泛

本书词条内容主要语料来源于《中国日报》和《21世纪英文报》，由中国日报社资深编辑进行选材、编排、翻译、注解，并由中国日报社和北京语言大学出版社外籍专家团队审校。本书选取的100个热词涵盖的领域十分广泛，涉及经济、社会、文化、科技等多个方面。

二、图文并茂，便于记忆

本书每个词条都有相关配图，图片精美，版式清新，便于读者结合图像和文字了解热词，增强对热词释义的记忆。

三、线性排列，逻辑性强

全书以2012年至2022年之间的社会变革为主线，集合每一年的热词并将它们串联起来，读者翻阅目录即可窥见中国近十年来的巨大发展变化。

四、功能性强，适用性广

每个词条文章篇幅适中，语言精练，中英文词条相互映衬，自成体系，各有千秋，既适合语言初学者阅读、朗诵，也可作为中英互译的参照材料。

五、贴近生活，通俗有趣

本书中的热词讲述的都是发生在你我身边的热点事件，同时也是举世瞩目的社会要闻，是世界各国读者可以共享的成果。因此，本书不仅具有时代特征，还贴近读者的生活，通俗易懂。

正如中国人民大学的贺耀敏教授所言："热词本身就是不同时代记录和传颂重大关切和重大事件的文化形式，热词具有流传广泛、接受程度高、容易记忆和谈论的文化内容。"本书中所呈现的100个热词承载了中国人的集体记忆，应该被中国读者看到，更应该被世界看到。我们希望本书可以成为一面反映新时代中国的镜子。

目　录

目 录

2022

2012

《舌尖上的中国》

神舟九号

蛟龙号

辽宁舰

雪龙号

2012 中国国际教育展

莫　言

京广高速铁路

《舌尖上的中国》

纪录片《舌尖上的中国》从 2012 年 5 月 14 日开始在央视播出。来自全国各地的美食画面让观众"恨不得去舔电视屏幕"。

这部七集的纪录片带给观众的不仅仅是酸甜苦辣咸等各种味道，还有对于中国文化的品味。与此同时，中国人的饮食习惯和饮食伦理也成为这部纪录片更有趣的一面。

在展示饮食文化的同时，这部纪录片还捕捉到了社会的变革。比如，它展现了大家庭里老年人留在家乡而年轻

人外出打工的现象。在这样的情况下，食物标志着家庭的快乐时光与美好团聚。

纪录片导演陈晓卿说："人如其食，食物总是与人联系在一起的。那些生动鲜活、令人垂涎的影像背后，反映的是人们的生活环境和生活态度。"这也是本片的独特元素之一。

神舟九号

2012 年 6 月 16 日，神舟九号载人飞船搭载着航天员景海鹏、刘旺和中国首位女航天员刘洋在酒泉卫星发射中心升空。18 日 14 时许，神舟九号与天宫一号实现自动交会对接；17 时 22 分，三位航天员进入天宫一号。6 月 24 日，神舟九号与天宫一号成功实现手控交会对接。6 月 29 日，神舟九号安全返回，中国首次载人交会对接任务取得圆满成功，实现了空间交会对接技术的又一重大突破，标志着中国载人航天第二步战略目标取得了具有决定性意义的进

▼ 宿东 / 亚洲新闻图片网

展。载人航天工程总设计师周建平在交会成功后说道："这将是中国载人航天史上具有重大意义的一步。"

神舟九号飞船及其运载火箭长征二号 F 于 2012 年 6 月 9 日抵达发射台，而天宫一号目标飞行器于 2012 年 6 月初下降到交会对接轨道。天宫一号于 2011 年 9 月发射后长期在轨运行。2011 年 11 月初，天宫一号与神舟八号飞船完成中国首次空间飞行器自动交会对接任务，此后一直在太空等待神舟九号和神舟十号。

蛟龙号

2012 年 6 月，蛟龙号载人潜水器在马里亚纳海沟进行的 7000 米级海试第四次下潜试验中成功突破 7000 米深度，再创中国载人深海潜水新纪录。

蛟龙号是中国第一艘深海载人潜水器，以古代神话中的神兽命名。它由中国自主研制，是目前世界上下潜最深的作业型载人潜水器。蛟龙号可以帮助探索海洋，从深

▲ 周昆 / 亚洲新闻图片网

海带回有价值的矿物，有助于中国科学家探索深海矿产资源。

从 2009 年至 2012 年，蛟龙号接连取得 1000 米级、3000 米级、5000 米级和 7000 米级海试的成功。蛟龙号下潜至 7000 米，说明中国载人潜水器集成技术的成熟，标志着中国深海潜水器成为海洋科学考察的前沿与制高点之一。这也证明中国拥有勘探世界 99% 海底的技术能力，中国成为继美国、法国、俄罗斯和日本之后第五个将人类送入深海的国家。

辽宁舰

2012 年 9 月 25 日，中国第一艘航空母舰完成建造和试验试航，正式交付中国人民解放军海军，这艘航母被命名为"中国人民解放军海军辽宁号航空母舰"（简称"辽宁舰"）。辽宁舰的服役，标志着中国彻底改变了没有航母的历史，并进入大型航母时代。

　　辽宁舰是中国人民解放军海军隶下的一艘可以搭载固定翼飞机的航空母舰，也是中国第一艘服役的航空母舰，其前身是苏联海军的库兹涅佐夫元帅级航空母舰次舰"瓦良格号"。

雪龙号

2012 年 9 月 27 日，中国第五次北极科学考察队圆满完成考察任务，乘雪龙号极地科学考察船抵达上海。第五次北极科学考察是"南北极环境综合考察与评估"专项任务，也是中国首次以专项考察为目标的北极科考航次。科考队于 2012 年 7 月 2 日从青岛乘坐雪龙号启程，在为期近三个月的考察过程中，雪龙号共航行 18,500 海里，其中在北极冰区航行 5,370 海里，并首次穿越北极航道往返大西洋和太平洋，开创了中国船舶沿高纬航道穿越北冰洋航行

的先河，最北到达北纬 87 度 40 分。雪龙号极地科学考察船首航北极高纬航道，获得了北极航道航海和海洋环境第一手资料，为中国船舶今后利用北极航道开展了有益的探索和实践。

2012 中国国际教育展

2012 年 10 月 20 日，为期两天的 2012 中国国际教育展在北京中国国际贸易中心拉开帷幕，吸引了众多家长和学生前来参观。此次展览由教育部批准、中国教育国际交流协会主办，吸引了来自 38 个国家和地区的 500 多所高校。各院校代表到场回答有关留学动态、就业前景、学科专业、签证信息、奖学金政策等问题。

该展自 2000 年开始举办，以规模大、影响广、内容全、品牌好、人气足的特点享誉国内外国际教育展示会，其中，

▼ 大伟 / 亚洲新闻图片网

国家展团、主宾国机制和只接受海外院校展示是其最大特色。为吸引中国留学生，很多国家都推出了研究生工作许可的优惠政策，并尝试在展会上进行推广。例如，德国在2012年4月通过了一项新法案，将非欧盟毕业生毕业后在德停留时间由12个月增至18个月。自2004年主宾国机制实施以来，法国、俄罗斯、加拿大、美国、英国和意大利先后作为主宾国亮相教育展。

2012年，德国成为主宾国。借中德建交40周年之机，德国展团演绎了德国创新的国家形象、独特的历史和文化、优质的教育资源和先进的教育理念，使更多学生了解和认识了德国。

莫　言

　　2012 年 12 月 10 日，在瑞典首都斯德哥尔摩音乐厅举行的 2012 年诺贝尔奖颁奖仪式上，中国作家莫言获颁诺贝尔文学奖，成为首位获此殊荣的中国作家。诺贝尔文学奖评选委员会代表用瑞典语介绍了莫言的文学成就，称"莫言作品将魔幻现实主义与民间故事融合、历史与当代社会融合"。瑞典国王卡尔十六世·古斯塔夫向莫言颁发了诺贝尔奖证书、奖章和奖金。

　　"作为一个从中国一个遥远的县城——高密东北乡走来的农村孩子，今天能够站在世界知名的大厅里被授予诺贝尔文学奖，这简直就是一个神话故事，但是当然，这一切都是真的。"莫言在获奖感言中说。

　　12月10日是瑞典化学家、工程师诺贝尔的逝世纪念日，自1901年以来，每年的诺贝尔奖颁奖典礼都安排在这一天举行。

京广高速铁路

　　世界上运营里程最长的高速铁路——京广高速铁路（简称"京广高铁"）于 2012 年 12 月 26 日正式通车。除了其超长的距离，该线路也因运用高科技、客运设施便利和设计环保而备受国内外关注。京广高铁列车以每小时 300 公里的平均速度行驶，将 2298 公里的行程从 22 小时缩短至 8 小时左右。在列车高速运行的过程中，乘客不会听到太多噪声。京广线动车组使用的"火箭头"，大大降低了列车的空气阻力，将噪声降低了 7%。列车的噪声保持在 66 分贝以下，远低于飞机客舱内的噪声。

　　京广高铁列车还有许多其他便利设施。比如，列车上的乘客可以上网，因为列车上有免费的无线网络，并且京广高铁列车的每一排座位上都有充电的插座。再如，服务员会在旅途中随时为旅客提供食物和饮料。乘坐京广高铁

▲ 邹红 / 亚洲新闻图片网

列车出行也被称为真正的高速低碳之旅，因为运行在京广高铁上的动车组低能耗、轻量化、污物全程零排放，人均百公里能耗仅相当于客运飞机的 1/12。

2013

打车软件

宽带中国

网络购物

中国（上海）自由贸易试验区

大数据

玉兔号月球车

4G 牌照

自　拍

打车软件

自 2013 年以来，打车软件为人们出行提供了极大的便利，受到消费者的热烈欢迎。人们只需要输入自己当前的位置和目的地，轻轻一点"叫车"按键，就可以等待司机"接驾"了。

然而，打车软件的出现也带来了一系列问题，其中之一就是安全问题。不少司机为了接到更多订单，开车时不

▼ 毛岩政 / 亚洲新闻图片网

断打开手机抢单。此外，出租车的绝对数量并没有增加，打车软件只是让出租车资源的分配方式发生了变化。许多不会使用手机的人，尤其是老人，面临着出门更难的困境。

2013 年 6 月，在北京、上海、深圳等打车软件赖以生存的主要大城市，因为加价违规和不利监管等原因，打车软件纷纷被要求整改，甚至被叫停。2013 年 7 月 1 日，《北京市出租汽车手机电召服务管理实施细则》开始试行，明确了手机电召服务商纳入全市统一电召平台，在出租汽车行业开展手机电召服务的准入和退出条件。

宽带中国

2013年8月17日，国务院发布《"宽带中国"战略实施方案》，意味着"宽带战略"上升为国家战略。

2013年8月，中国宽带人口普及率不到14%，平均网速1.8Mbps，远低于国际标准。根据国务院声明，"宽带中国"战略旨在扩大农村和城市地区的宽带覆盖范围。预计到2020年，城市和农村家庭宽带接入能力要分别达

▲ 龙巍／亚洲新闻图片网

到 50Mbps 和 12Mbps，发达城市部分家庭用户甚至可达到 1Gbps。

"宽带中国"战略首次将宽带明确定位为"战略性公共基础设施"，政府将加大相关战略投资，尤其是在农村和中西部地区。

《"宽带中国"战略实施方案》起草组组长余晓晖认为，宽带将成为中国经济升级版的基础设施。把宽带发展作为国家战略，提升发展"科技含量"，有助于我国在世界竞争中处于有利地位。

网络购物

据新华社报道，2013 年中国网络经济整体规模达到 6004.1 亿元，其中移动互联网经济规模达 1083 亿元，成为互联网发展的重要助推力。

互联网的蓬勃发展使得人们的生活发生了巨大的变化，网络购物成为受年轻一代欢迎的消费模式。因为它使人们从订货、买货到货物上门都无须亲临现场，既省时省力，又能购买到物美价廉的商品。对于商家来说，网络销售库

▼ 曹建雄 / 亚洲新闻图片网

存压力低、经营成本低、经营规模不受限制，这些优势推动了中小企业的发展。

根据艾瑞咨询发布的 2013 年第二季度中国网络购物市场数据，第二季度中国网络购物市场交易规模为 4371.3 亿元，较 2012 年同期增长 45.3%；从网络购物市场结构来看，企业对消费者（B2C）的交易规模为 1756.1 亿元，在中国整体网络购物市场交易规模中的比重达到 36.1%，较上一季度提高了 2 个百分点；从网购市场份额来看，天猫与京东商城的市场占比合计 67.9%。

中国（上海）自由贸易试验区

　　2013 年 9 月 29 日，中国（上海）自由贸易试验区（简称"自贸区"）正式成立。自贸区面积 28.78 平方千米，涵盖上海市外高桥保税区、外高桥保税物流园区、洋山保税港区和上海浦东机场综合保税区等 4 个海关特殊监管区域。自贸区实行政府职能转变、金融制度、贸易服务、外商投

▼ 许丛军 / 亚洲新闻图片网

资和税收政策等多项改革措施，并将大力推动上海市转口、离岸业务的发展。

在自贸区内，公司注册时间由之前承诺的 29 天缩短到最快 4 天，政府角色由行政转向监督，在没有海关干预的情况下允许货物进口、制造、再出口。时任商务部部长高虎城表示，建立中国（上海）自由贸易试验区，有利于打造中国经济"升级版"，为下一步深化改革开放打好基础，更好地服务全国发展。

大数据

2013 年 11 月，国家统计局与 11 家国内电子商务、互联网、电信等企业签署战略合作协议，共同开发利用大数据。

时任国家统计局局长马建堂在签约仪式上表示，大规模生产、分享、利用大数据的时代已经来临。对政府部门

▼ 王路宪／亚洲新闻图片网

而言，谁拥有了大数据，谁就取得了宏观调控的主动权；对企业而言，谁拥有了大数据，谁就抓住了市场的机遇。现在发达国家纷纷把大数据应用提升到国家战略，中国统计必须适应这个大趋势，主动拥抱大数据时代。

随着互联网对各个领域的渗透越来越深，从政府到企业，从群体到个人，数据的积累与日俱增。4G 牌照的发放，又让移动数据通道由"乡村公路"升级为"高速公路"，大数据席卷各行各业和人民生活的速度会越来越快。

玉兔号月球车

2013 年 12 月 2 日，嫦娥三号探测器在西昌卫星发射中心发射成功，12 月 6 日抵达月球轨道。2013 年 12 月 14 日，嫦娥三号搭载着中国第一辆月球车——玉兔号月球车成功软着陆于月球虹湾区。中国成为继美国和苏联之后第三个实现月球表面软着陆的国家。

　　玉兔号月球车"告别"着陆器后，在月球表面自主"行走"，开展科学探测工作。

　　玉兔号月球车重约 140 千克，有 6 个筛网轮，可以在月球上以每小时 200 米的速度行驶。2014 年 1 月 14 日，玉兔号月球车对脚下月壤实施首次月面科学探测。2014 年 1 月 19 日，玉兔号深入探测至月表下 140 米。这些科学数据为建立巡视探测区地形地貌、地质构造等研究打下了基础，2016 年 7 月 31 日，玉兔号月球车超额完成任务，停止工作。

4G 牌照

2013 年 12 月 4 日，工信部正式向中国移动、中国电信和中国联通三大运营商发布 4G（第 4 代移动通信技术）牌照。标志着中国正式进入 4G 时代。

TD-LTE 技术是中国自主研发的 4G 标准，此次三家运营商获得的牌照均为 TD-LTE 牌照。

▼ 石言 / 亚洲新闻图片网

4G 快人一步

中国移动4G（TD-LTE）
自主创新引领未来

　　中国移动是启动 4G 业务的最先试水者。中国移动在 2013 年年初宣布推动 TD-LTE 4G "双百" 计划——TD-LTE 网络覆盖超过 100 个城市。TD-LTE 终端采购超过 100 万部，建设超过 20 万个 4G 基站，覆盖人口超 5 亿，建成全球最大的 4G 网络。

自　拍

2013 年底，《牛津词典》编辑部将"selfie（自拍）"列为 2013 年度热词之一。根据《牛津词典》的解释，自拍指的是民众利用智能手机或网络摄影机为自己拍照，然后上传至社交网络。

对于年轻人来说，自拍可以随时记录自己的状态，并自由选择是否向他人分享。年轻人往往喜欢手持数码相机或手机自拍。不管是等公交、坐地铁，还是在旅游景点游玩、在餐厅里聚餐，随时随地都可以自拍一张。

2014

国际储备货币

南京青奥会

教育改革

丝路基金

亚太梦

沪港通

城市通风廊道

全面禁烟

高铁外交

国际储备货币

　　2014 年 4 月 9 日，时任世界银行高级副行长兼首席经济学家林毅夫在博鳌亚洲论坛 2014 年年会（2014 年 4 月 8 日—11 日，海南博鳌）的博鳌对话专场上表示，到 2030 年，人民币（元）有望成为三个国际储备货币之一，与美元和欧元地位同等。人民币作为国际储备货币或者贸易结算货币确实已经开始。2014 年，人民币在部分地区已成为主要结算货币，中国的外贸出口当中有大约 25% 以人民币计价。

　　林毅夫预测，除了三种主要的储备货币外，日元、瑞士法郎和英镑也将成为储备货币，但是短时间内，人民币和其他货币还不足以取代美元。美元还是国际上主要的贸易结算货币，美元结算在国际贸易结算中占比大约在60%到70%，人民币结算占比还不到5%。

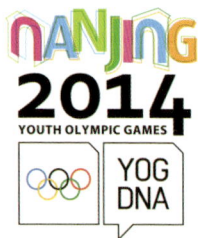

南京青奥会

2014年南京青年奥林匹克运动会（简称"南京青奥会"）是第二届夏季青奥会。南京于2010年2月赢得青奥会主办权，成为继北京之后第二座举办奥运赛事的中国城市。2014年南京青奥会承诺，与不同种族、民族和文化背景的青年"分享青春，共筑未来"。

　　南京青奥会于 2014 年 8 月 16 日至 28 日在江苏省省会南京举行，共设 28 个大项、222 个小项。204 个国家的 3787 名运动员参加了比赛，是参赛国家和地区最多的体育大赛之一。国务院总理李克强于 2014 年 8 月 28 日出席了闭幕式。应李克强邀请，国际奥委会主席巴赫、安提瓜和巴布达总理布朗、吉布提总理卡米勒、马达加斯加总理库卢等出席了闭幕式。在闭幕式上，国际奥委会主席巴赫说："南京举办了一届特别成功、特别精彩的青奥会。我代表所有奥林匹克人，谢谢南京！谢谢中国！"

教育改革

2014 年是全面深化改革"元年",教育制度同样迎来了改革。教育制度改革旨在减轻学生学习负担,促进学生全面发展,实现教育公平。其中,2014 年 9 月推出的高考制度改革最引人瞩目。根据《国务院关于深化考试招生制度改革的实施意见》,自 2015 年起,全国多地将使用国家统一试卷;取消体育、艺术等特长生加分项目;推行高考成绩公布后填报志愿方式。此次改革选取上海、浙江作为首

▼ 郝群英 / 亚洲新闻图片网

批试点地区，于 2017 年实施新高考"3+3"模式。考生总成绩由统一高考的语文、数学、外语 3 个科目成绩和高中学业水平考试 3 个科目成绩组成。考生根据报考高校要求和自身特长，从高中学业水平考试科目——思想政治、历史、地理、物理、化学、生物中自主选择 3 个科目计入高考总成绩。此外，学生可以参加两次外语考试，选取高分计入总成绩。

丝路基金

2014 年 11 月 8 日，中国国家主席习近平宣布，中国将出资 400 亿美元成立丝路基金，推进基础设施和资源发展，改善历史悠久的丝绸之路沿线的产业合作和金融合作环境。

在"加强互联互通伙伴关系"对话会上，习近平主席在和孟加拉国、柬埔寨、老挝、蒙古、缅甸、巴基斯坦和塔吉克斯坦领导人交流时表示，设立丝路基金的目的是打破亚洲互联互通的瓶颈。

丝路基金秉承商业化运作、互利共赢、开放包容的理念，尊重国际经济金融规则，通过以股权为主的多种市场化方式，投资于基础设施、资源开发、产业合作、金融合作等领域，促进共同发展、共同繁荣，实现合理的财务收益和中长期可持续发展。

2014年12月29日，丝路基金有限责任公司在北京注册成立，并开始正式运行。2015年12月14日丝路基金表示，已与哈萨克斯坦出口投资署签署框架协议，并出资20亿美元，建立中国—哈萨克斯坦产能合作专项基金，这是丝路基金成立以来设立的首个专项基金。

亚太梦

2014 年亚太经合组织工商领导人峰会于 2014 年 11 月 9 日在北京国家会议中心举行。中国国家主席习近平出席开幕式并发表题为《谋求持久发展　共筑亚太梦想》的主旨演讲。习近平指出："亚太发展前景取决于今天的决断和行动，我们有责任为本地区人民创造和实现亚太梦想。"

　　习近平说："今天的亚太，占世界人口的 40%、经济总量的 57%、贸易总量的 48%，是全球经济发展速度最快、潜力最大、合作最为活跃的地区，是世界经济复苏和发展的重要引擎。"习近平表示："随着综合国力上升，中国有能力、有意愿向亚太和全球提供更多公共产品，特别是为促进区域合作深入发展提出新倡议新设想。中国愿意同各国一道推进'一带一路'建设，更加深入参与区域合作进程，为亚太互联互通、发展繁荣作出新贡献。"

沪港通

为促进内地与香港资本市场的共同发展，中国证券监督管理委员会、香港证券及期货事务监察委员会决定批准上海证券交易所、香港联合交易所有限公司、中国证券登记结算有限责任公司、香港中央结算有限公司正式启动上海与香港股票市场交易互联互通机制（简称"沪港通"）试点。沪港通下的股票交易于 2014 年 11 月 17 日开始。香港金融管理局表示，自 2014 年 11 月 17 日沪港通项目启动之日起，中国人民银行将取消香港居民兑换人民币时执行的每日 2 万元的限额。

▼ 龙巍 / 亚洲新闻图片网

　　时任香港特区行政长官梁振英称，沪港通有助于巩固香港作为国际金融中心和全球离岸人民币业务枢纽的地位，为香港和内地资本市场的互联互通揭开新的篇章。

　　香港交易及结算所有限公司（简称"香港交易所"）前主席周松岗表示，沪港通的建立，标志着中国资本市场对外开放踏出了一大步，这也是香港金融发展史上一个重要的里程碑。

城市通风廊道

2014 年底，北京出台了一项城市新规划，规划中首次计划留出绿色生态大"风道"。城市通风廊道是国家和北京的生态部门研究的一个新领域。

无风的气象条件下，污染物容易堆积。把郊外的风引进主城区，成为驱散雾霾的有效方式之一。来自北京大学和清华大学的环境气象学专家表示，每个城市都有盛行风

向，因此在城市规划和建设的过程中，应该尽量在盛行风向的方向控制建筑物的密度和高度，以留出城市通风廊道，提高城市空气污染物的扩散能力。

北京市城市规划设计研究院相关人士表示，为了解决中心城区的热岛效应，该研究立足于北京中心城区的通风潜力和热岛分析结果，综合考虑了中心城区用地规划实施情况，以及北京的主导风向和清洁空气来源等因素，在2014年底初步提出了建设6条通风廊道的设想。这6条通风廊道的设计初衷是为了解决热岛效应，提高空气中污染物的扩散能力。

全面禁烟

2014 年 11 月 24 日，为减少和消除烟草烟雾的危害，保障公众健康，原中国卫生和计划生育委员会起草了《公共场所控制吸烟条例（送审稿）》（简称"送审稿"），向社会各界公民征求意见。

送审稿规定，中国拟全面禁止任何形式的烟草广告、赞助活动以及烟草产品促销。所有室内公共场所一律禁止

▶ 华雪根 / 亚洲新闻图片网

吸烟；体育、健身场馆的室外观众座席、赛场区域、公共交通工具的室外等候区域等也全面禁止吸烟。电影、电视剧及其他节目中不得出现烟草的品牌标识和相关内容，以及变相的烟草广告；不得出现在禁止吸烟的场所吸烟的镜头。这是中国首次拟制定行政法规在全国范围全面控烟，表明了国家对公共场所控烟的决心。

2014 年 11 月 28 日，《北京市控制吸烟条例》（简称《条例》）表决通过，2015 年 6 月 1 日起正式施行。《条例》规定，禁止在幼儿园、中小学和医院等露天场所吸烟，中小学禁止教师在学生面前吸烟；违反禁令的烟民最高将被罚款200 元。

高铁外交

　　"高铁外交"是将高铁作为载体，运用访问、会谈等各种外交方式，从事与高铁有关的外交活动。"高铁外交"紧扣双方经济发展，更重双赢，不仅能增进经贸往来，还能鼓励人员流动，促进文化交流。

　　中国高铁的发展一直是世界瞩目的焦点。2014 年 12 月 26 日，中国三条重要高铁干线——兰新高铁（兰州—乌鲁木齐）、贵广高铁（贵阳—广州）和南广高铁（南宁—广州）开通运营。据统计，中国的高铁出行量已从 2008 年的

▼ 龙巍 / 亚洲新闻图片网

1.28 亿人次增长到 2013 年的 6.72 亿人次。到 2014 年，中国已经拥有了成熟的高铁经验和技术优势。中国"一带一路"建设的重点之一，就是推进沿线各国迫切需要的基础设施建设。

从 2013 年 10 月开始，李克强总理就开始了"高铁外交"，向多个国家推销中国高铁，引发了国际社会的强烈关注和热议。2014 年以来，"高铁外交"更加密集。2014 年 7 月，由中国建设的土耳其"安伊高铁"正式通车，成为中国高铁"走出去"的首张名片。同年，中国与俄罗斯、泰国分别签订了高铁合作备忘录。

李克强总理推广中国高铁技术，体现出中国将高铁合作提升至国家战略层面，高铁已成为中国塑造大国形象的外交名片。

2015

大众创业，万众创新

博鳌亚洲论坛 2015 年年会

京津冀协同发展

空中上网服务

《三体》

国家大数据（贵州）综合试验区

屠呦呦

教育普惠

互联网＋

大众创业，万众创新

2015 年 3 月 11 日，国务院办公厅发布了《关于发展众创空间推进大众创新创业的指导意见》一文，部署推进大众创业、万众创新工作，其中重点强调了加强财政资金引导和完善创业投融资机制，并明确提出，在公共服务、财政支持、投融资机制等方面对创业创新给予大力支持。

同年 6 月，国务院发布《国务院关于大力推进大众创业万众创新若干政策措施的意见》，明确了推进"大众创业、

▼ 许丛军 / 亚洲新闻图片网

  万众创新"的三个重要意义：是培育和催生经济社会发展新动力的必然选择，是扩大就业、实现富民之道的根本举措，是激发全社会创新潜能和创业活力的有效途径。

  随着国家大力支持"大众创业、万众创新"，推动各地盘活民间资本，为创业者提供创业启动资金，发展天使投资等利好政策相继推出，中国掀起新一轮创业热潮，而随之产生的资金需求也相应骤增。针对天使投资的高风险、高失败率这一特性，部分地方推出风险补贴等政策，为天使投资机构以及潜在投资者提供措施降低风险。

博鳌亚洲论坛 2015 年年会

　　2015 年 3 月 26 日至 29 日，博鳌亚洲论坛 2015 年年会在海南博鳌举行，主题为"亚洲新未来：迈向命运共同体"。

　　博鳌亚洲论坛是一个非政府、非营利的国际组织，目前已成为亚洲以及其他大洲有关国家政府、工商界和学术界领袖就亚洲以及全球重要事务进行对话的高层次平台。博鳌亚洲论坛致力于通过区域经济的进一步整合，推进亚洲国家实现发展目标。

　　2015 年 3 月 28 日，中国国家主席习近平在开幕式上发表讲话，呼吁建立亚洲命运共同体。本届年会吸引了来自 49 个国家和地区的 2786 位代表，参会的代表来自各大洲、各主要经济体，既有产业界、教育学术界、媒体人士，也有各国官方代表。年会设置了较为热议的亚投行、"一带一路"、东盟共同体、东亚经济共同体等议题。

京津冀协同发展

2015 年 4 月 30 日，中共中央政治局审议通过了《京津冀协同发展规划纲要》，为推动京津冀协同发展提供了顶层设计。京津冀协同发展不仅仅是解决北京、天津、河北发展面临的矛盾和问题的需要，而且是优化中国发展区域布局、优化社会生产力空间结构、打造新的经济增长极、形成新的经济发展方式的需要。

▼ 陈晓根 / 亚洲新闻图片网

　　推动京津冀协同发展是以习近平同志为核心的党中央作出的重大决策，是中国的一个重大国家战略，其核心是有序疏解北京非首都功能，调整经济结构和空间结构，走出一条内涵集约发展的新路子，探索出一种人口经济密集地区优化开发的模式，促进区域协调发展，形成新增长极。京津冀协同发展的范围包括北京、天津以及河北省的11个地级市，计划在交通一体化、生态环境保护、产业升级转移等三大重点领域率先取得突破。

空中上网服务

　　2015 年 6 月初，中国三大航空公司——中国东方航空公司、中国南方航空公司和中国国际航空公司获批提供空中上网服务。这些航空公司的乘客可以在飞行期间保持联网状态。

　　中国东方航空公司（简称"东航"）是中国首家同时提供国内外航班 Wi-Fi 服务的航空公司。从 2015 年 6 月 5 日起，东航在其 21 架飞机上利用亚太 6 号卫星通信系统提供 Wi-Fi 服务。完成硬件配置后，空中的飞机可以通过亚太

6号卫星通信系统与地面基站的网络设备进行连接。这项
先进的技术可以使乘客在飞机上体验到比家庭网络更快的
Wi-Fi服务。

《三体》

    2015 年 8 月 22 日，《三体》作者刘慈欣成为第一个获得"雨果奖"的亚洲人，该奖项是科幻文学领域的最高奖项。《三体》英文版出版后，迅速成为亚马逊网站上最畅销的亚洲文学作品，证明了中国科幻小说的魅力。

    《三体》三部曲由《三体》与《三体 2：黑暗森林》《三体 3：死神永生》组成，其中《三体》是第一部。《三体》讲述了在不久的将来，叶文洁和汪淼两位科学家与外星文明进行通信而影响到人类命运的故事。

　　刘慈欣在书中所展现的计算机科学内容源自他在山西省一家发电厂担任计算机工程师的专业背景。《三体》这部作品也因书中的中国文化而得到赞扬。美国科幻小说大多以美国文化和历史为创作基础，而刘慈欣的故事使用了另一种题材，比如中国文化中的"孝道"。由于文化差异，西方科幻小说往往不会太关注这个主题。更重要的是，刘慈欣的作品和许多成功的科幻小说一样，深受那些对未来抱有不确定感的人们的喜爱。刘慈欣在接受采访时说："人们眼中的未来充满魅力、诱惑与希望。同时也充满威胁和挑战。这为科幻小说提供了肥沃的土壤。"

国家大数据
（贵州）综合试验区

2015 年 9 月 18 日，国家大数据（贵州）综合试验区建设正式启动。这是自国务院 9 月初印发《促进大数据发展行动纲要》以来的最新举措。

《促进大数据发展行动纲要》经李克强总理签批，计划 2017 年底前，明确各部门数据共享的范围边界和使用方式，跨部门数据资源共享共用格局基本形成；2018 年底前，建成国家政府数据统一开放平台；到 2020 年，培育 10 家国际领先的大数据核心龙头企业，500 家大数据应用、服务和产品制造企业。国家大数据（贵州）综合试验区将在中

国数据资源管理与共享开放、数据中心整合、数据资源应用等方面开展系统性试验。

　　贵州省气候温和，电力供应充足，网络基础设施良好，已成为中国大数据发展的先驱。国家大数据（贵州）综合试验区吸引了大量国内外知名企业，如中国电信、中国联通、中国移动三大电信运营商，以及互联网巨头阿里巴巴、腾讯等。

屠呦呦

2015 年 10 月 5 日，瑞典卡罗琳医学院在斯德哥尔摩宣布，中国女科学家屠呦呦获得 2015 年诺贝尔生理学或医学奖，成为首位获得诺贝尔科学奖项的中国科学家、第一位获得诺贝尔生理学或医学奖的中国科学家。

2015 年诺贝尔生理学或医学奖颁给三位医学家，分别是威廉·坎贝尔、大村智和屠呦呦。威廉·坎贝尔和大村智两人获奖是因为发现了治疗蛔虫寄生虫感染的新疗法，而屠呦呦获奖是因为发现了治疗疟疾的新药物疗法。

  20世纪六七十年代，在极为艰苦的科研条件下，屠呦呦团队与中国其他机构合作，经过艰苦卓绝的努力并从《肘后备急方》等中医药古典文献中获取灵感，先驱性地发现了青蒿素，开创了疟疾治疗新方法，全球数亿人因这种"中国神药"而受益。目前，以青蒿素为基础的复方药物已经成为疟疾的标准治疗药物，世界卫生组织将青蒿素和相关药剂列入其基本药品目录。

  "呦呦鹿鸣，食野之蒿。"屠呦呦在发现青蒿素和治疗疟疾上的卓越研究，显著降低了疟疾患者死亡率，为促进人类健康和减少病患痛苦作出了无法估量的贡献。屠呦呦获得诺贝尔生理学或医学奖，是中国科技繁荣进步的体现，是中医药对人类健康事业作出巨大贡献的体现，充分展现了中国综合国力和国际影响力的不断提升。

教育普惠

中国共产党第十八届中央委员会第五次全体会议于 2015 年 10 月 26 日至 29 日在北京召开。全会明确提出："提高教育质量，推动义务教育均衡发展，普及高中阶段教育，逐步分类推进中等职业教育免除学杂费，率先从建档立卡的家庭经济困难学生实施普通高中免除学杂费，实现家庭经济困难学生资助全覆盖。"这既是对"十三五"时期我国教育发展

▼ 李宗宪 / 亚洲新闻图片网

的要求，也是全面建成小康社会、实现中华民族伟大复兴的中国梦的客观需要。提质量、促公平和调结构将是"十三五"时期我国教育发展的基调。

2015 年 11 月，国务院印发《关于进一步完善城乡义务教育经费保障机制的通知》，首次提出建立城乡统一、重在农村的义务教育经费保障机制。明确从 2016 年春季学期开始，统一城乡义务教育学校生均公用经费基准定额；从 2017 年春季学期开始，统一对城乡义务教育学生免除学杂费、免费提供教科书、补助家庭经济困难寄宿生生活费的"两免一补"政策。

长期以来，由于中国各地经济发展水平不同，农村和城镇学生的生均经费存在差别，农村学生总体低于城镇学生。此次统一城乡经费保障机制，意味着所有义务教育阶段的学生将享受同样的政策。此外，教育经费"钱随人走"、对民办教育"一视同仁"等规定，也开启了义务教育基本公共服务均等化的新里程。

互联网 +

2015 年 12 月 15 日，《咬文嚼字》杂志将"互联网 +"列入 2015 年十大流行语。"互联网 +"是将传统行业与网络平台和信息技术相结合创造的一种新的发展生态。例如，约车软件就是互联网与传统出租车行业的结合，网购平台就是互联网与零售行业的结合。

"互联网 +"已经成为中国经济发展的新引擎。2014 年，互联网经济占中国国内生产总值（GDP）的比重达到 7%，互联网上市企业有 328 家，市值 7.85 万亿元，约占中国股市总市值的 25.6%。正因为如此，李克强总理在 2015 年政

府工作报告中提出"互联网+"战略，并将其列入"十三五"规划（2016—2020）中，鼓励人们将互联网应用到传统行业中，助力中国成为互联网强国。

"互联网+"在促进中国经济发展的同时，也改变了人们的生活方式。越来越多的人使用"互联网+"服务，比如使用订餐软件、在网上售卖当地特产等。

2016

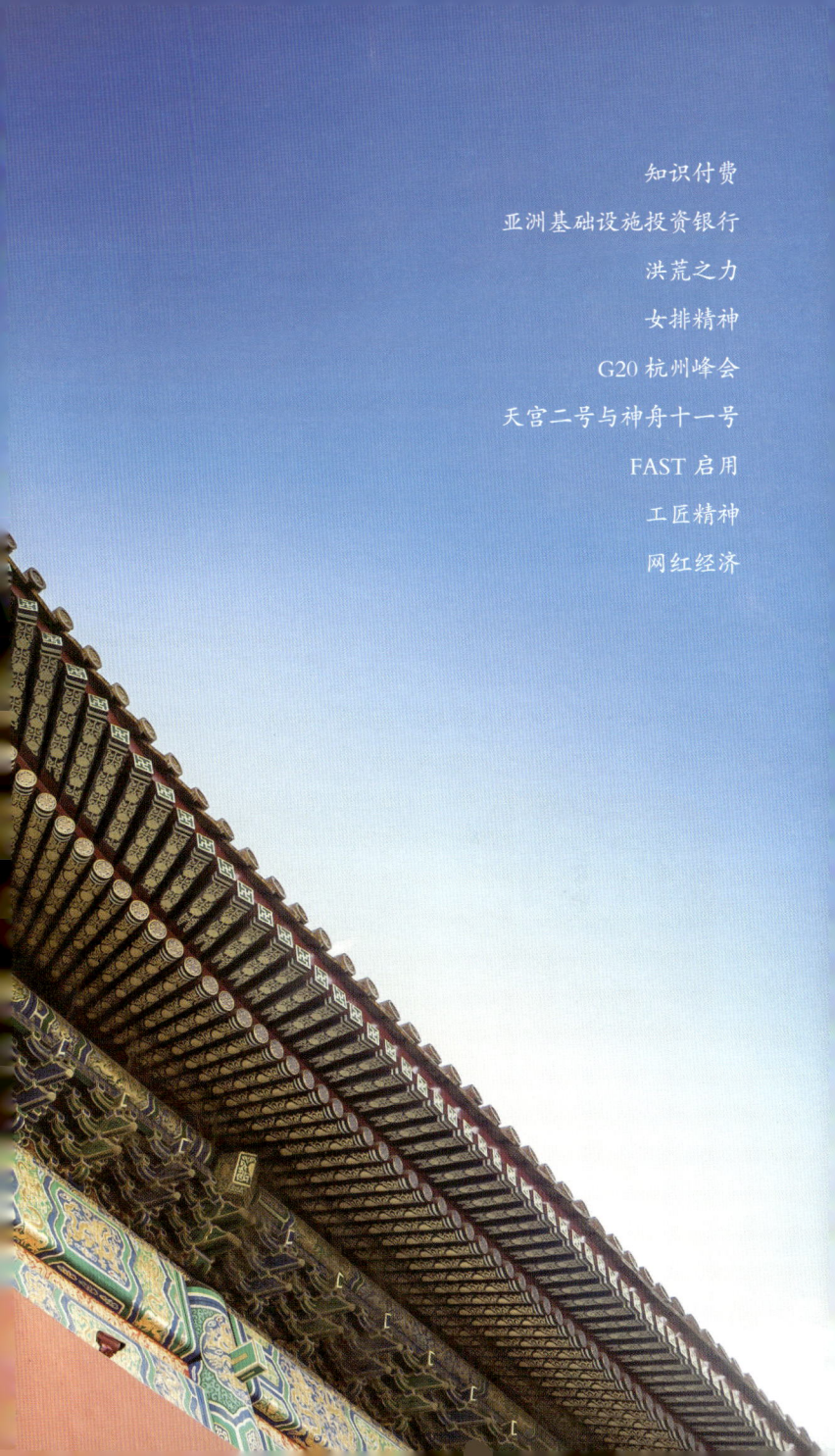

知识付费

亚洲基础设施投资银行

洪荒之力

女排精神

G20 杭州峰会

天宫二号与神舟十一号

FAST 启用

工匠精神

网红经济

知识付费

2016 年被称为"知识付费元年"。这一年，知识付费平台相继出现，知识付费的用户迅速增长，知识付费产品呈现井喷之势。过去许多中国人不愿意为线上内容付费，但看到优质内容的价值后，态度就发生了转变。

例如，"得到"应用软件提供给用户付费的名人文章和播客，涉及从音乐到经济等多个话题。再如，在线学习平台"喜马拉雅"允许人们付费来收听在线学习课程。

许多中国人可以在网上获得免费内容。但当免费内容不能满足需求时，他们希望通过付费获取更好的内容。与此同时，中国人，尤其是年轻人，正遭受着所谓的"知识焦虑"。在这样瞬息万变的社会里，人们害怕无法获得最新信息而被冷落。一位"得到"的用户表示："在大城市里，

人们忙到没时间看书、看电影，而一些知识付费的应用软件可以教给你知识，让你看起来好像自己读过这些书或看过这些电影一样。"

当然，这种学习方式也招来不少批评。一位记者认为，知识与信息不同。知识肯定不是看几档电视节目就能获得的，更不是听别人讲几本书、听几个播客就能得到的。他认为，要想获得真正的知识，必须提出问题、分析问题、反思问题，而不是仅仅依靠互联网内容。

亚洲基础设施投资银行

2016 年 1 月 16 日，亚洲基础设施投资银行（简称"亚投行"）开业仪式在北京举行。亚投行是首个由中国倡议设立的多边金融机构，旨在为亚洲地区的基础设施发展提供金融支持，总部设在北京。2013 年 10 月，中国提出筹建亚洲基础设施投资银行的倡议。2014 年 10 月，首批 22 个意向创始成员国代表在北京正式签署《筹建亚洲基础设施投资银行备忘录》，共同决定成立亚投行。时任中国财政部部长楼继伟被选举为亚投行首届理事会主席，金立群当选

亚投行首任行长。楼继伟表示："亚投行是国际发展领域的新成员、新伙伴。在亚洲基础设施融资需求巨大的情况下，由于定位和业务重点不同，亚投行与现有多边开发银行是互补而非竞争关系。"他将亚投行的创办描述为一个"建设性的举动"，这将使中国承担更多的国际责任，补充现有的国际经济秩序。

洪荒之力

"洪荒"本指混沌、蒙昧的状态，借指远古时代。"洪荒之力"指天地初开之时足以毁灭世界的自然之力。

2016 年 8 月 8 日，中国游泳运动员傅园慧在里约热内卢奥运会女子 100 米仰泳半决赛中以 58 秒 95 的当时个人最好成绩晋级决赛。在赛后采访中，傅园慧被问到是否为决赛储蓄了一些能量，她表情夸张地回答说："我已经用了

▲ 许康平 / 亚洲新闻图片网

洪荒之力啦。"

　　她可爱生动的表情和率真幽默的回答使"洪荒之力"一夜走红，人们用它来形容超乎想象的巨大能量。

　　2016 年 12 月，"洪荒之力"入选《咬文嚼字》公布的"2016 年十大流行语"。

女排精神

2016 年 8 月 21 日，在里约热内卢奥运会中，中国女排后来者居上，以 3∶1 击败塞尔维亚队，第三次夺得女排奥运冠军，又一次生动地诠释了"女排精神。"

中国女排在里约奥运会并不被看好，在小组赛后仅以两胜三负的成绩位列第四。女排队员们磕磕绊绊进入四分之一决赛后，与前两届奥运会冠军、东道主巴西队对阵，而巴西队刚在前五场比赛中大获全胜。主教练郎平号召全队全力以

▼ 魏晓昊 / 亚洲新闻图片网

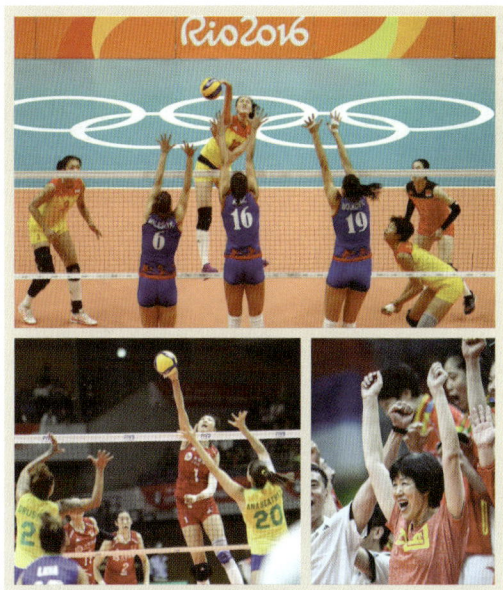

赴，把这场比赛当作最后一场比赛来打。顽强的中国姑娘在四分之一决赛中击败了巴西队，在半决赛中战胜了荷兰队。郎平在决赛后接受采访时说："我们就是永远不放弃，追求每一分。中国女排的精神需要一代一代传下去。"

女排精神是中国女排"祖国至上、团结协作、顽强拼搏、永不言败"等精神品格的总概括。从1981年到1986年，中国女排创下世界排球史上第一个"五连冠"，成为一代中国人的集体回忆。女排精神被中国人口口相传，成为耳熟能详的体育价值符号。竞技场上没有常胜将军，中国女排输过比赛、丢过冠军，也经历过漫长低谷，却秉持团队精神，咬紧牙关拼搏到底，这些都体现了女排精神的内核。

G20 杭州峰会

2016 年 9 月 4 日至 5 日，二十国集团（G20）领导人第十一次峰会在浙江省省会杭州市举行。这是一个汇集了主要工业化国家和新兴经济体的国际论坛。

此次 G20 峰会的主题为"构建创新、活力、联动、包容的世界经济"。峰会标志采用了印有中国传统印章的桥梁图案。当被问及标志的灵感来自哪座桥时，G20 标志设计师之一袁由敏解释道："它不是任何一座具体的桥，它只是一个符号，是一座指向性的桥，代表的是开放、包容和国与国之间的沟通理解，是一座精神之桥，是没有原型的。"

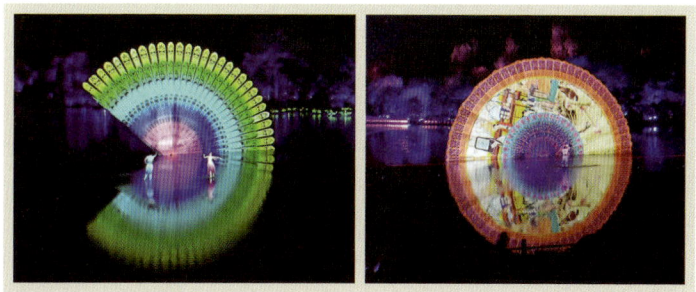

沟通世界，连接你我，这座精神之桥向世界传达着 G20 峰会的意义所在。

2016 年 9 月 4 日晚，中国导演张艺谋执导的演出《最忆是杭州》赢得了世界各国来宾与观众的赞美。这场令人惊叹的水上表演在杭州的自然风光背景下完美结合了音乐、舞蹈和灯光效果，中西合璧、精彩绝伦。

天宫二号与
神舟十一号

　　2016 年 9 月 15 日是中国航天史上的重要时刻。天宫二号空间实验室在甘肃酒泉卫星发射中心成功发射。同年 10 月 17 日，神舟十一号载人飞船从甘肃酒泉卫星发射中心发射升空。两天后的 10 月 19 日，神舟十一号与空间实验室天宫二号成功实现自动交会对接。

▼ 冯永斌 / 亚洲新闻图片网

天宫二号空间实验室设定运行至少两年，并在距离地球约 393 公里的轨道上运行。神舟十一号的飞行乘组由航天员景海鹏和陈冬组成。他们在天宫二号上进行了为期 33 天的任务，测试新技术并进行实验，为未来的航天任务做准备。

中国载人航天工程总设计师周建平称，空间实验室任务结束后，中国将开始建设自己的空间站。空间站就像是宇航员在太空中的家，宇航员在空间站上生活和工作，宇宙飞船甚至可以停在那里。

FAST 启用

被誉为"中国天眼"的 500 米口径球面射电望远镜（英文缩写 FAST），位于贵州省黔南布依族苗族自治州平塘县，并于 2016 年 9 月 25 日落成启用。FAST 是目前世界上最大的单口径射电望远镜，发射面积相当于 30 个标准足球场。它将在未来几十年探索太空并协助寻找外星生命。国家天文台射电天文技术实验室主任彭波介绍说："天眼发现外星

▼ 贺俊怡 / 亚洲新闻图片网

文明的潜力将是现有设备的 5 到 10 倍，因为它可以看到更远和更暗的行星。"

　　为了充分利用好大射电望远镜这张世界级名片，平塘县按照贵州省委、省政府建设国际一流天文镇来定位规划，在前往 FAST 必经之地的克度镇选址建设国际天文科学旅游文化园，涵盖天文体验馆、暗夜观星园、天文教育园、万国风情美食街、星空游乐场等项目，并围绕天文旅游小镇，对从核心区到外围三县六镇 1200 平方公里的民族文化进行深度挖掘，形成以天文科普旅游为"龙头"的贵州特色旅游产业经济。

工匠精神

2016 年 12 月 16 日，电影版《我在故宫修文物》上映，该片在原电视纪录片的基础上重新剪辑，以时间为主线，讲述了木器组、钟表组、字画组、陶瓷组、漆器组等几个组的修复师日常的生活和工作。

电影版延续了电视版"工匠精神"的核心价值观，去掉了所有旁白，以人物和时间作为主轴，通过多线索叙事

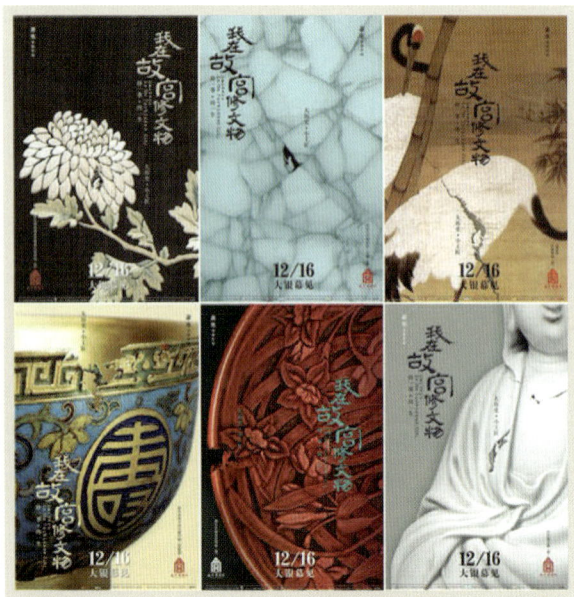

和更抒情的方式，用电影语言来展示文物修复师和他们的"复活术"。《我在故宫修文物》电视版于 2016 年 1 月 7 日在中央电视台首播，共 3 集，播出之后迅速走红，成为年度最具影响力的纪录片，"工匠精神"也成为当年的流行语。

《我在故宫修文物》之所以能获得成功，是因为故宫博物院所蕴藏的"工匠精神"受到了公众的关注并引发了共鸣与思考。匠人之所以称为"匠"，是因为他们拥有某种娴熟的技能，而蕴藏在技能背后的，还有更深层次的精神内涵。这种"工匠精神"其实是故宫精神的一部分，是一代代"故宫人"积累和传承下来的。

古钟表修复专家王津认为，"大国工匠"精神就是一个行业的从业者对自己工作做得更细致的追求，是一种精益求精、力求完美的精神。这种"工匠精神"不仅仅局限在"手艺人"之中，各行各业都有。

网红经济

2016 年初，网红（"网络红人"的简称）papi 酱（姜逸磊）凭借原创吐槽搞笑短视频在网络上获得一定的关注度。随着 papi 酱拿到巨额融资，网红经济成了一种新型的经济模式。2016 年见证了网红经济的良好发展，被称为"网红经济元年"。

2015 年 12 月，"网红"一词被《咬文嚼字》评为 2015 年度十大流行语之一。网红的核心竞争力在于其制作的内

▼ 陈晨 / 亚洲新闻图片网

容，只有源源不断地提供高质量的内容才可能让"网红"走上可持续发展的道路。例如，2016 年 11 月，凭借短视频《兰州牛肉面》获得广泛关注的李子柒的视频作品主要聚焦古朴的传统生活，以中华民族引以为傲的美食文化为主线，围绕衣食住行四个方面展开。她的视频内容独具风格，让人耳目一新，满足了外国网友对中国的想象，堪称网络传播时代的中国"田园诗"。

网红经济呈多样化发展，是新媒体经济领域非常重要的一部分。2016 年作为网红经济快速发展的一年，以 papi 酱和李子柒为代表的网红人物，创造了新媒体经济的奇迹，推动了网红经济向前健康发展，把"网红经济"带入了一个多样化、多局面、多产业、多维度全新发展的移动互联网时代。

2017

复兴号

SW 287901

雄安新区

天舟一号

山东舰

国产大飞机 C919

新四大发明

人机大战

复兴号

乡村振兴战略

数字化职业

共　享

雄安新区

2017 年 4 月 1 日，中共中央、国务院印发通知，决定设立河北雄安新区。这是中国继深圳经济特区和上海浦东新区之后又一个具有全国意义的新区。雄安新区位于北京市区西南约 100 公里，地处北京、天津、保定腹地，规划范围涵盖河北省雄县、容城县、安新县三县及其周边部分区域。

雄安新区具有巨大的增长潜力，发展空间广阔，未来

面积将扩大到 2000 平方公里，而且交通便利，距北京、天津仅 1 小时车程。雄安新区自然环境良好，是中国北方最大的淡水湿地之一——白洋淀的所在地。该湿地有 140 多个湖泊，被誉为华北平原的"明珠"。一旦建成，雄安新区将疏解北京的非首都功能。许多公司、大学和科研中心将从北京迁到该地区。国际专家和媒体对雄安新区给予了高度评价，称它将为发展中国家树立榜样。

天舟一号

　　天舟一号是中国自主研制的首艘货运飞船。2017 年 4 月 20 日，天舟一号货运飞船成功发射。此次任务是中国载人航天工程空间实验室阶段的收官之战，标志着中国载人航天工程胜利完成"三步走"战略中的"第二步"任务，为空间站建设任务奠定了坚实的技术基础。天舟一号采用两舱式结构，飞船全长 10.6 米，最大直径达到 3.35 米，起

飞质量约 13 吨，载荷能力达到 6.5 吨。

　　天舟一号是当时世界上运输能力最强的现役货运飞船：日本的"HTV"货运飞船运输能力为 6 吨；美国的"天鹅座"和"龙"飞船的运输能力分别为 3.5 吨和 3.3 吨；俄罗斯的"进步号"飞船为 2.3 吨。

山东舰

　　2017 年 4 月 26 日，中国首艘自行研制的航空母舰——山东舰下水仪式在中国船舶重工集团公司大连造船厂举行。山东舰是中国的第二艘航空母舰，是在第一艘航母辽宁舰的基础上自行仿建的。山东舰与辽宁舰功能不同，辽宁舰主要用于测试系统的可靠性和兼容性，并进行人员培训；而山东舰具备战斗巡逻和提供人道主义援助等功能。山东

舰由中国自行研制，2013年11月开工，2015年3月开始坞内建造。山东舰出坞下水是航空母舰建设的重大节点之一，标志着中国自主设计建造航空母舰取得了重大阶段性成果。

国产大飞机 C919

2017 年 5 月 5 日，C919 大型客机首架试飞机（编号 101 架机）在上海浦东国际机场成功首飞，中共中央、国务院对 C919 大型客机成功首飞发来贺电："C919 大型客机是我国首次按照国际适航标准研制的 150 座级干线客机，首飞成功标志着我国大型客机项目取得重大突破，是我国民用航空工业发展的重要里程碑。"此举也被视为其制造商中国商用飞机有限责任公司成为与空客和波音一样的大型客机公司的重要一步。

C919 是中国首款完全按照国际先进适航标准研制的单通道大型干线客机，中国拥有完全的自主知识产权。C919 客机属中短途商用机，实际总长 38 米，翼展 35.8 米，高度 12 米，其基本型布局为 168 座。标准航程为 4075 公里，最大航程为 5555 公里，经济寿命达 9 万飞行小时。

新四大发明

2017 年 5 月，来自"一带一路"沿线 20 个国家的青年评选出了他们心目中"中国的新四大发明"：高铁、扫码支付、共享单车和网购。出门不用带钱包，一部手机搞定一切。新技术驱动的便利且酷炫的生活，成为外国人最想带回国的"中国特产"。

高铁成了中国的一张"名片"，中国建成了世界上最长的高铁网络，其运行速度在每小时 250 至 350 公里之间。

▼ 石玉成 / 亚洲新闻图片网

中国最常用的扫码支付方式是支付宝和微信支付。其中，支付宝是由中国电子商务巨头阿里巴巴集团研发的提供移动和在线支付服务的软件，已成为全球最大的移动支付公司。通过结合 GPS 定位、智能手机应用程序、移动支付和物联网技术，中国的共享单车系统为公众提供了一种方便实惠的交通方式。截至 2017 年 6 月，中国拥有约 7.5 亿互联网用户，是世界上最大的、增长最快的电子商务市场。网购给人们的生活带来了极大的便利，人们只需要打开手机购物软件，选择想要的东西，物品很快就会送到你手上。

其实，高铁、扫码支付、共享单车和网购并非首先由中国发明，但中国将其推广、应用得较为领先、广泛，对国内外影响较大。"新四大发明"是科技创新的最新产物，将持续推动中国经济的转型和发展。

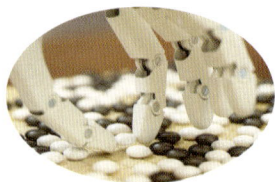

人机大战

2017 年 5 月 23 日，阿尔法围棋（AlphaGo）在三轮比赛的第一轮中险胜中国棋手柯洁。阿尔法围棋是由谷歌旗下的英国人工智能公司 DeepMind 研发的程序，而柯洁则是排名世界第一的顶尖围棋棋手。比赛在浙江省乌镇举行，阿尔法围棋在 2017 年 5 月 25 日和 5 月 27 日剩余的两局比赛中同样获胜。

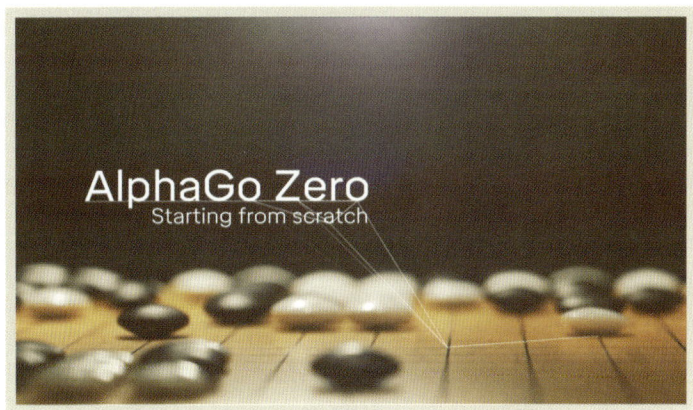

中国围棋被认为是人类有史以来最复杂的策略游戏之一。阿尔法围棋的胜利向世界证明，人类不再在这个游戏中"独领风骚"。这并非阿尔法围棋首次技惊四座。2016年3月，它以4比1的成绩战胜来自韩国的世界围棋冠军李世石。2017年1月，阿尔法围棋通过在线围棋平台，和来自中国、日本、韩国三国的顶尖棋手切磋，连胜60局，无一败绩。

2017年10月19日，DeepMind在《自然》刊文，报告了新版也是终版的围棋程序：AlphaGo Zero。这个程序可以从空白状态学起，在无任何人类输入的条件下，迅速自学围棋，并已经以100∶0的战绩击败了老版AlphaGo。至此，持续近两年的围棋"人机大战"真正落下了帷幕。

复兴号

2017 年 6 月 26 日，复兴号列车 G123 次和 G124 次率先从京沪高铁两端的北京南站和上海虹桥站双向首发。复兴号是由中国铁路总公司牵头组织研制、具有完全自主知识产权、达到世界先进水平的中国标准动车组。

2017 年 7 月 27 日，复兴号在京沪高铁开展时速 350 公里体验运营。当天上午，满载乘客的复兴号从北京开往上海。列车启动后几秒钟，当屏幕显示 350 公里／小时的速度时，兴奋的乘客纷纷举起相机和手机拍下照片。京沪

高铁复兴号按时速 350 公里运营，推动了中国高铁标准体系建设，向世界充分展示了中国高铁的先进性和安全运营能力，增强了中国高铁的国际竞争力和话语权，加快了中国铁路特别是中国高铁"走出去"的步伐。

乡村振兴战略

2017 年 10 月 18 日，习近平总书记在中国共产党第十九次全国代表大会报告中提出实施乡村振兴战略。乡村振兴战略与科教兴国战略、创新驱动发展战略等一样，是中国未来发展的"七大战略"之一。

十九大报告指出，农业、农村、农民问题（即"三农"问题）是关系国计民生的根本性问题，必须始终把解决好

▼ 胡高雷 / 亚洲新闻图片网

▲ 刘朝富／亚洲新闻图片网

"三农"问题作为全党工作的重中之重。要坚持农业、农村优先发展，建立健全城乡融合发展体制机制和政策体系，加快推进农业、农村现代化。要深化农村土地制度改革，完善承包地"三权"分置制度。要保持土地承包关系稳定并长久不变，第二轮土地承包到期后再延长三十年。

十九大报告还提出，要按照产业兴旺、生态宜居、乡风文明、治理有效、生活富裕的总要求，加快推进农业农村现代化，走中国特色社会主义乡村振兴道路。

数字化职业

　　随着数字时代的到来，越来越多的中国年轻人选择与互联网相关的数字化职业。2017 年 11 月，《中国青年报》发布的一项针对 2010 名年轻人的调查显示，58.7% 的受访者在就业时愿意选择数字化职业，85.9% 的受访者周围有从事数字化职业的人。在所有数字化职业中，最受欢迎的是电子游戏职业玩家。中国社会科学院发布的《社会蓝皮书：2017 年中国社会形势分析与预测》显示，中国 26 岁以下青年中，超过 38% 的人愿意选择电子游戏玩家作为职业；

▲ 龙巍 / 亚洲新闻图片网

27% 的人愿意选择微信公众号写手作为职业；另有 20% 的人愿意选择直播平台主播作为职业。南开大学周恩来政府管理学院行政管理系副教授姜建荣表示，这一趋势可以归因于一个新的事实：这些数字化职业让年轻人能够为自己的梦想而奋斗，而不仅仅是为了挣钱而工作。

共　享

2017 年 12 月 21 日，在由国家语言资源监测与研究中心、商务印书馆、人民网和腾讯网联合主办的"汉语盘点2017"揭晓仪式上，"享"字当选为 2017 年度国内字。

"享"字意指过去几年在中国流行起来的一种商业模式——"共享经济"。2017 年，共享经济发展迅猛，成为网民关注的焦点。共享单车接连攻下数城，共享充电宝、共享篮球和共享雨伞等概念也进入了人们的视野。许多中

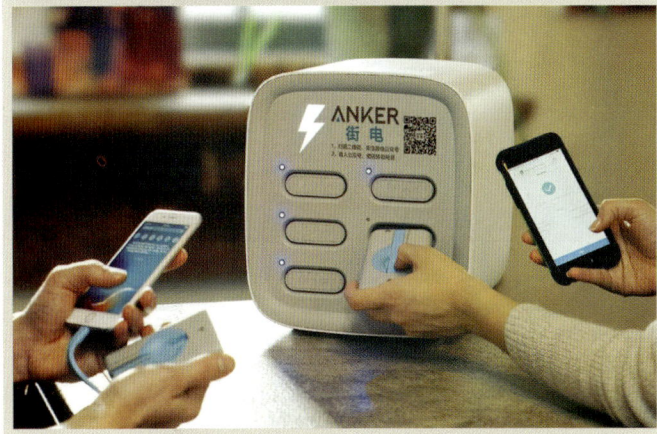

国公司都使用这种模式开发了不同的服务，比如汽车共享、自行车共享，甚至办公室共享。共享经济的蓬勃发展充分利用了社会资源，极大地改善了人民生活。

2018

海南自贸区

《空中医疗急救手册》

长江经济带

"鹊桥"（嫦娥四号中继星）

中国农民丰收节

锦　鲤

港珠澳大桥

电　竞

首届中国国际进口博览会

海南自贸区

　　从 1987 年到 2017 年，海南的 GDP 从 57.28 亿元增长到了 4462.5 亿元，海南从中国最年轻的经济区发展成为中国最开放、最具经济活力的省份之一。如今，海南拥有便利的交通——机场、港口、高速公路、高铁车站和邮轮线路，并在完善的交通运输体系的基础上与世界多个国家和地区建立了贸易合作关系。此外，海南也为增强中国软实力作出了突出贡献。在海南举办的博鳌亚洲论坛已成为亚洲各国人民进行经济交流的平台。

　　2018 年 4 月 11 日，中共中央、国务院印发《关于支持海南全面深化改革开放的指导意见》，赋予海南经济特区改革开放新使命，建设自由贸易试验区和中国特色自由贸易港。"海南自贸区"鼓励跨国公司在海南设立国际总部与区域总部。中国还计划将海南建设成为国际旅游消费中心，并鼓励赛马运动、沙滩运动、水上运动等项目的发展。

　　2018 年 4 月 13 日，习近平总书记在庆祝海南建省办经济特区 30 周年大会上的讲话中指出，海南要着力打造全面深化改革开放试验区、国家生态文明试验区、国际旅游消费中心、国家重大战略服务保障区，争创新时代中国特色社会主义生动范例，让海南成为展示中国风范、中国气派、中国形象的靓丽名片。

《空中医疗急救手册》

2018 年 4 月 18 日，国内首部《空中医疗急救手册》在上海正式发布。该手册将为空中急救提供详细的执行规范和操作标准，有效提高空中救助的质量与效率。《空中医疗急救手册》由中国东方航空公司（简称"东航"）发布，手册详细描述了各类常见病症的表征、救助方法、用药指导等，并引用了大量飞机上实际发生的典型案例，具有较强的指导性和操作性。

出行应急医疗指南
空中医疗
急救手册
In-flight First Aid Handbook

主 编 苏佳灿 李松林
副主编 黄标通 李少辉 王美堂 郑雄翠

　　近年来，民用航空运输快速发展，航空旅客运输量不断攀升，空中旅客突发疾病事件也逐年增多，因此对于机组成员和乘客来说，学习急救知识很有必要。东航利用信息技术，建立医疗专家档案库，并利用机载设备在航班上自主识别、联络医疗专家，一旦空中有旅客身体不适或者需要其他的医学帮助，机组人员将与医疗专家一起，第一时间展开专业救护工作，为挽救生命争取黄金时间。此外，东航通过空中 Wi-Fi 技术能够实时与地面医生沟通，在地面医疗专家的指导下开展紧急救治工作。

长江经济带

　　2018 年 4 月 26 日，国家主席习近平在武汉主持召开深入推动长江经济带发展座谈会并发表重要讲话。他强调，推动长江经济带发展是党中央作出的重大决策，是关系国家发展全局的重大战略。新形势下推动长江经济带发展，关键是要正确把握整体推进和重点突破的关系，全面做好长江生态环境保护修复工作；正确把握生态环境保护和经济发展的关系，探索协同推进生态优先和绿色发展新路子；

▼ 谭凯兴 / 亚洲新闻图片网

正确把握总体谋划和久久为功的关系，坚定不移将一张蓝图干到底；正确把握破除旧动能和培育新动能的关系，推动长江经济带建设现代化经济体系；正确把握自身发展和协同发展的关系，努力将长江经济带打造成为有机融合的高效经济体。习近平从全局角度和战略高度，明确提出了推动长江经济带发展需要正确把握的五组关系，为新形势下推动长江经济带发展指明了正确方向和实践路径。

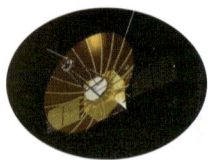

"鹊桥"
（嫦娥四号中继星）

2018 年 5 月 21 日，中国在西昌卫星发射中心用长征四号丙运载火箭，成功将探月工程嫦娥四号任务"鹊桥"中继星发射升空。中国航天科技集团有限公司五院"鹊桥"中继星项目经理兼总设计师张立华说："'鹊桥'的发射是中国成为首个实现探测器月球背面软着陆和巡视勘察的国家的关键一步。"

中国探月工程总设计师、中国工程院院士吴伟仁表示，由于月球有一面总是背对着地球，当嫦娥四号进行世界首次月球背面软着陆和巡视勘察任务时，将受月球自身遮挡，

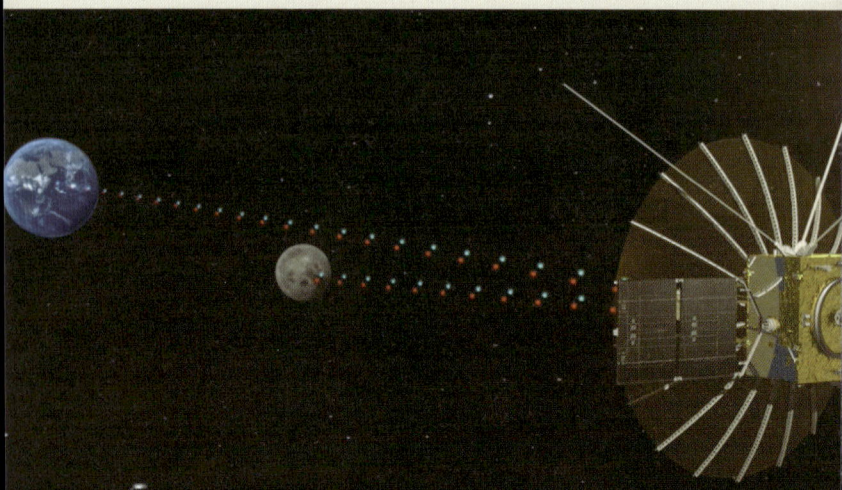

无法直接与地球进行测控通信和数据传输，而"鹊桥"则相当于架设在嫦娥四号与地球间的"通信中继站"。"鹊桥"中继星为 2018 年 12 月 8 日嫦娥四号月球背面软着陆探测任务提供了地月间的中继通信。

"鹊桥"的名字来源于中国民间牛郎织女的传说，"鹊桥"中继星是中国航天人用自己的勤劳、智慧和汗水设计建造的地月信息联通的"天桥"。

中国农民
丰收节

2018 年 6 月 21 日，经党中央批准、国务院批复，自 2018 年起中国将每年农历秋分（9 月 22 至 24 日之间）设立为"中国农民丰收节"。这是第一个在国家层面上为农民设立的节日，进一步彰显了"三农"（农业、农村和农民）工作重中之重的基础地位。在节日期间，中国各地都会组织一系列活动，为农民和农村事务工作者庆祝丰收节。

喜迎
中国农民丰收节
2018·秋分

在脱贫攻坚的关键时期、全面建成小康社会的决胜阶段、实施乡村振兴战略的开局之年设立"中国农民丰收节"，极大调动了亿万农民的积极性、主动性、创造性，能够加快推进农业、农村现代化。

锦　鲤

　　锦鲤象征着好运，现在已成为中国年轻人在社交媒体上使用的热门表情包。2018 年国庆节前，支付宝官方微博发布了一条名为"祝你成为中国锦鲤"的微博。网友转发这条微博就可以参加抽奖，中奖者被称为"中国锦鲤"，可以享受由赞助商家提供的一系列丰厚的奖品，包括价值不菲的商品、旅游服务等。于是网友竞相转发该微博，争当

"锦鲤"，这条微博吸引了300多万次转发。2018年10月7日支付宝揭晓了抽奖结果，幸运的"中国锦鲤"获得了"中国锦鲤全球免单大礼包"，锦鲤也因此而走红。

港珠澳大桥

　　2018 年 10 月 23 日，港珠澳大桥开通仪式在广东省珠海市举行。国家主席习近平在开通仪式上宣布大桥正式开通。港珠澳大桥全长 55 公里，是目前世界上最长的跨海大桥。大桥设计使用寿命为 120 年，可抵御 8 级地震、16 级台风、30 万吨撞击以及珠江口 300 年一遇的洪潮。大桥于

2009 年底开工建设，由重达 42 万吨的钢材和 108 万立方米混凝土建成。过去，从珠海开车到香港大约需要 3 个小时，而在大桥开通后，这段旅程只需要 30 分钟。

电　竞

2018 年 11 月 3 日，中国电子竞技俱乐部 IG（Invictus Gaming）在韩国击败欧洲的 Fnatic 俱乐部，赢得了 2018 年英雄联盟世界锦标赛，这是中国电竞俱乐部 8 年来首次在该赛事夺冠，这场令中国人期待已久的胜利展示了中国电子竞技发展的成果。近年来，中国成立了越来越多的电子竞技俱乐部，也有越来越多的年轻人成了电子竞技职业选手。

成为一名专业的电子竞技职业选手并不完全意味着乐趣和游戏。电子竞技选手必须有快速反应能力和极强的耐

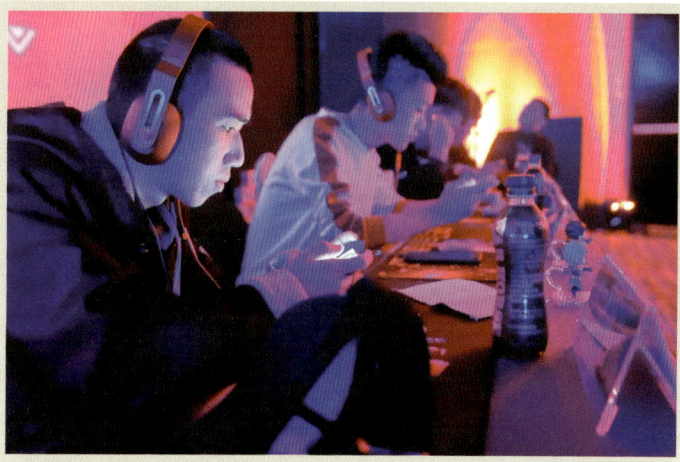

▲ 曹建雄 / 亚洲新闻图片网

力，还必须拥有较高的 APM（Actions Per Minute），即每分钟操作次数，又称"手速"（指选手在一分钟内所有游戏操作有效指令数的总和）。职业选手的 APM 可以高达 400，但是他们能打这么好的时间是有限的。大多数职业选手的年龄在 18 岁到 24 岁之间，到了一定年龄后，他们的动作就会变慢。电子竞技选手每天工作和训练非常辛苦。

IG 的成员表示，他们每天早上一起床就开始练习，通常会持续到午夜，每天至少要工作 12 个小时。许多选手练习太多，最后会导致肌肉疼痛和关节炎；同时，他们也面临着巨大的压力，所以一些电子竞技俱乐部会聘请心理医生来对他们进行疏导。

首届中国国际
进口博览会

　　首届中国国际进口博览会（简称"进博会"）开幕式于2018年11月5日上午在上海国家会展中心举行，国家主席习近平出席开幕式并发表主旨演讲。习近平表示："中国国际进口博览会，是迄今为止世界上第一个以进口为主题的国家级展会，是国际贸易发展史上一大创举。举办中国国际进口博览会，是中国着眼于推动新一轮高水平对外开放作出的重大决策，是中国主动向世界开放市场的重大举措。"

▼ 高尔强 / 亚洲新闻图片网

　　首届进博会期间推出了 100 多款新产品和新技术，其中一些是首次向世界展示。超过 3600 家企业参展，其中包括多家世界 500 强企业。进博会不仅为二十国集团（G20）企业进一步拓宽在华的市场渠道提供了机会，同时也邀请到世界上 30 多个最不发达国家参加。

　　本届进博会同样惠及中国消费者。进博会把中国的采购商与来自世界各地的各种商品联系起来，让居民能够有机会在家门口买到最好的产品。在当前全球贸易背景下，本届进博会旨在打破世界对中国继续作为出口驱动型经济体的"刻板印象"。进博会还有利于中国在全球范围内实现资源的优化配置，提高中国企业的市场竞争力。正如习近平主席在开幕式上所说："中国推动更高水平开放的脚步不会停滞！中国推动建设开放型世界经济的脚步不会停滞！"

2019

嫦娥四号

《流浪地球》

粤港澳大湾区

5G

垃圾分类

物联网

国　潮

北京大兴国际机场

雪龙2号

第六届世界互联网大会

嫦娥四号

　　2019 年 1 月 3 日 10 时 26 分，嫦娥四号探测器成功着陆在月球背面东经 177.6 度、南纬 45.5 度附近的预选着陆区，并通过"鹊桥"中继星传回了世界第一张近距离拍摄的月背影像图，揭开了古老月背的神秘面纱。此次任务实现了人类探测器首次月背软着陆、首次月背与地球的中继星通信，开启了人类月球探测新篇章。嫦娥四号登陆月球背面，既是人类深空探测史上的首次，也是中国探月工程

的一项重大成就，将为世界各国的研究人员提供一个有关月球上未知区域的新的数据宝库。嫦娥四号登陆月球背面不仅具有重要的历史意义，还获得了月球背面的一手数据，这些数据有助于人类重塑对太阳系的认知。

《流浪地球》

在许多太空主题电影中，应对地球灾难的方法总是乘坐宇宙飞船逃离地球。但中国 2019 年春节上映的科幻电影《流浪地球》却提供了一个不同的、更宏伟的想法。在这部根据中国科幻作家刘慈欣的小说改编的电影中，地球正处于被太阳毁灭的危险之中。为了应对灾难，世界各地的人类需要共同努力建造一个巨大的引擎，将地球推离太阳。人类没有抛弃地球，而是选择将其带走。这种"野心"并

▼ 王冈 / 亚洲新闻图片网

非凭空而来。几千年来，"家园"一直是中国人心中最柔软的地方。从唐代诗人杜甫的诗句"露从今夜白，月是故乡明"就可以看出中华儿女对故乡的情感。这种特殊的文化背景是《流浪地球》有别于好莱坞式太空电影的原因。该片导演郭帆在接受采访时表示："中国几千年文化的积淀，让人们对土地有着深厚的感情。因此，中国人选择跟地球一起逃离，正是我们文化特色的体现。而在这部影片中，并没有刻意塑造超级英雄，在关键时刻每一个普通人所作出的正确选择，都会让他成为英雄。"

粤港澳大湾区

2019 年 2 月 18 日，中共中央、国务院印发了《粤港澳大湾区发展规划纲要》（简称《纲要》），旨在推动该地区成为高质量发展的典范。大湾区占地面积 5.6 万平方公里，由香港、澳门和广东省的 9 个城市组成。《纲要》指出，作为中国开放程度最高、经济活力最强的区域之一，粤港澳大湾区在国家发展大局中具有重要的战略地位。

打造粤港澳大湾区，建设世界级城市群，有利于丰富"一国两制"实践内涵，进一步密切内地与港澳之间的交流合作，为港澳经济社会发展以及港澳同胞到内地发展提供

更多机会，保持港澳长期繁荣稳定；有利于贯彻落实新发展理念，深入推进供给侧结构性改革，加快培育发展新动能、实现创新驱动发展，为中国经济创新力和竞争力不断增强提供支撑；有利于进一步深化改革、扩大开放，建立与国际接轨的开放型经济新体制；有利于推进"一带一路"建设，通过区域双向开放，构筑丝绸之路经济带和 21 世纪海上丝绸之路对接融汇的重要支撑区。

5G

2019 年 6 月 6 日，中国工业和信息化部（简称"工信部"）正式向中国电信、中国移动、中国联通、中国广电发放 5G 商用牌照，中国正式进入 5G 商用元年。

5G 具有高速度、低时延、高可靠性等特点，是新一代信息技术的发展方向和数字经济的重要基础。时任工信部部长苗圩表示，5G 支撑应用场景由移动互联网向移动物联网拓展，将构建起高速、移动、安全、泛在的新一代信息基础设施。与此同时，5G 将加速许多行业的数字化转型，

▼ 苏阳 / 亚洲新闻图片网

并且更多用于工业互联网、车联网等，拓展大市场，带来新机遇，有力支撑数字经济蓬勃发展。

多年来，中国企业积极参与全球通信标准组织、网络建设和产业推动，为全球移动通信产业的发展作出了巨大贡献。中国在 5G 研究和推进过程中，也吸纳了全球的智慧。工信部表示，中国将一如既往地欢迎国外企业积极参与中国 5G 网络建设和应用推广，共谋 5G 发展和创新，共同分享中国 5G 发展成果。

垃圾分类

　　2019 年 7 月 1 日,《上海市生活垃圾管理条例》(以下简称《条例》) 正式实施。经过一年的努力, 2020 年 7 月, 上海垃圾分类成绩单出炉: 居民区分类达标率从《条例》实施前的 15% 提高到 90% 以上, 单位分类达标率达到 90%。

▼ 朱兴鑫 / 亚洲新闻图片网

　　2022 年 7 月 1 日是《条例》施行三周年。三年来，在上海市民的努力下，上海生活垃圾分类工作取得显著成效，垃圾分类逐步成为引领低碳生活的新时尚。在中国住房和城乡建设部每季度对全国 46 个试点城市垃圾分类考核排名中，上海始终保持第一。

　　近年来，中国垃圾分类工作开展得火热，全国各大城市垃圾分类政策密集出台。多个城市已发布垃圾分类相关政策，并制定或修改了生活垃圾管理条例。

物联网

物联网即"万物相连的互联网",是在互联网基础上延伸和扩展的网络,是将各种信息传感设备与网络结合起来而形成的一个巨大网络。物联网能实现在任何时间、任何地点人、机、物的互联互通。

2019 年 9 月 7 日,2019 世界物联网博览会在江苏无锡开幕。500 多家知名企业参展,集中展示 5G 通信、车联网、人工智能、工业互联网、消费物联网等领域的最新产品和

深度应用。本届博览会以"融合创新·万物智联"为主题，聚焦当前物联网发展新趋势、新特点，全面展示全球物联网产业技术创新和最新应用成果。大会期间，当今世界物联网"最强大脑"紧紧围绕 5G、工业互联网、车联网等前沿热点问题，共享成功经验，共话未来愿景。

国　潮

　　近年来，中国年轻消费者对融合了中国传统风格与文化的国产品牌和产品的兴趣激增，这一趋势被称为"国潮"。

　　2019 年，在中华人民共和国成立 70 周年之际，百度与人民网研究院联合发布了《百度国潮骄傲大数据》报告，在唤起国庆期间中国人民族自豪感的同时，也为当下正热的"国风营销"提供了洞察范本。报告显示，2009 年

▼ 龙巍 / 亚洲新闻图片网

到 2019 年 10 年间，中国品牌的关注度占比由 38% 增长到 70%；在"最火"中国品牌中，大白兔、王老吉、故宫、《流浪地球》名列餐饮、饮品、旅游、娱乐四个领域；波司登、吉利、华为和自然堂则在服装、汽车、数码、化妆品品类中榜上有名；在汽车、数码、化妆品这些曾经一致向"外"看的行业领域，中国人的视线开始随着国内企业的技术升级、自主创新而产生了"回归效应"。

北京大兴
国际机场

2019 年 9 月 25 日，北京大兴国际机场投运仪式在北京举行。新机场主要由旅客航站楼、换乘中心、综合服务楼和停车楼组成，其中航站楼综合体总建筑面积 142 万平方米。按照设计，到 2025 年，年旅客吞吐量将达到 7200 万人次，货邮吞吐量 200 万吨，飞机起降 62 万架次。远期旅客吞吐量将达到 1 亿人次。

▼ 王子瑞 / 亚洲新闻图片网

　　这座机场是全球首座采用"双进双出"设计的航站楼。旅客从进入航站楼一直到登机口，可实现全流程自助，无纸化通行。大兴国际机场还采用了多种新科技，打造更智慧、更高效的机场。

　　北京市发展和改革委员会崔小浩表示，这座机场已经成为北京南部发展的重要经济支柱。大兴国际机场能有序疏解北京非首都功能，加快带动北京南部地区交通的转型升级。大兴国际机场的修建也是进一步推动京津冀协同发展的重要举措。

雪龙 2 号

2019 年 10 月 15 日，雪龙 2 号首次启程，从深圳出发前往南极，开始了为期一个月的南极之旅。雪龙号于 10 月 22 日从上海出发，加入雪龙 2 号，参加此次南极考察。

雪龙 2 号是中国自主研发制造的第一艘极地破冰船，具有强大的破冰能力，破冰深度可达 1.5 米。雪龙 2 号长 122.5 米，宽 22.3 米，最大航行速度约为每小时 15 海里，可以在零下 30 摄氏度的温度下工作，能持续航行 60 天，单次航行可达约 2 万海里，可搭载 90 名船员和科考人员。

雪龙 2 号大大提高了科考船科考、货物运输人员调配、冰情探测的高效性及机动性，为中国开展极地海洋环境调查和科学研究提供了重要平台。

第六届世界互联网大会

2019 年 10 月 20 日至 22 日，由国家互联网信息办公室和浙江省人民政府共同举办的第六届世界互联网大会在浙江乌镇召开。本次大会以"智能互联 开放合作——携手共建网络空间命运共同体"为主题，汇聚了来自 83 个国家和地区的约 1500 名参会者。此次大会设置了 20 个分论坛，涵盖流行和前沿话题，如人工智能、5G 和产业数字化等。

2019 年是互联网诞生 50 周年，也是中国全功能接入国际互联网 25 周年。经过 25 年的快速发展，中国已迅速成为互联网巨头。大会期间发布的《2019 年世界互联网发展报告》显示，中国互联网发展排名第二，仅次于美国。在过去的 25 年里，包括阿里巴巴、腾讯和百度在内的许多

中国互联网公司已经崭露头角。

互联网改变了中国人的日常生活。无现金出行、共享出行以及短视频拍摄与分享，已成为中国年轻人生活的重要组成部分。

2020

直播带货

天问一号

太空 3D 打印

北斗卫星导航系统

故宫建成 600 年

碳中和

第七次全国人口普查

奋斗者号

慕　课

嫦娥五号

直播带货

2020 年初新冠肺炎疫情期间，很多人为了降低感染风险，选择待在家里，避免前往购物中心、商场等人员密集的场所。虽然实体商店的经营业务受到极大冲击，但电子商务却彰显出巨大潜力，帮助人们在隔离期间维持了正常生活。

线上购物极具便利性，许多平台开始采用直播带货的模式促进销售。人民日报、新华社、央视等中央媒体纷纷

▼ 朱海鹏 / 亚洲新闻图片网

联合网红、名人和政府官员，借助网络平台帮扶企业，提振经济。

直播带货是一种新型互动营销模式。观众可以直观地评估商品，通过评论咨询商品详情，商家可以通过促销或抽奖等手段吸引更多观众观看直播并下单。直播带货可以帮助贫困地区创建电子商务业务，提高当地经济收入，助力脱贫攻坚。

天问一号

1970 年 4 月 24 日，中国第一颗人造地球卫星"东方红一号"发射成功，拉开了中国人探索宇宙奥秘、和平利用太空、造福全人类的序幕。2020 年 4 月 24 日，为纪念"东方红一号"成功发射 50 周年，中国国家航天局在 2020 年中国航天日线上启动仪式上公布：中国行星探测任务被命名为"天问系列"，首次火星探测任务被命名为"天问一号"，后续行星任务依次编号。

这一名称源于屈原的长诗《天问》，表达了中华民族对追求真理的坚韧与执着，体现了对自然和宇宙空间探索的文化传承，寓意探求科学真理征途漫漫，追求科技创新永无止境。象征"揽星九天"的任务标识，展示了独特字母"C"的形象，汇聚了中国行星探测（China）、国际合作精神（Cooperation）、深空探测进入太空的能力（C3）等多重含义，展现出中国航天开放合作的理念与态度。

"天问一号"于 2020 年 7 月 23 日发射升空，开始进行第一次火星探测任务，这是中国火星探索的第一步，也是中国人迈向更远深空的关键一步。

太空 3D 打印

"3D 打印"是采用材料逐渐累加堆积的方法制造实体零件的技术。近年来,这项技术正迅速发展,越来越广泛运用于各种制造业。

2020 年 5 月 5 日,首飞成功的长征五号 B 运载火箭上,搭载着中国新一代载人飞船试验船,试验船上还搭载了一台中国自主研制的复合材料空间 3D 打印机。这台打印机在飞行期间完成了连续纤维增强复合材料的样件打印。这次打印的对象有两个,一个是蜂窝结构(代表航天器轻量化结构),另一个是 CASC(中国航天科技集团有限公司)标志。这是中国首次太空 3D 打印,也是人类首次连续纤维增

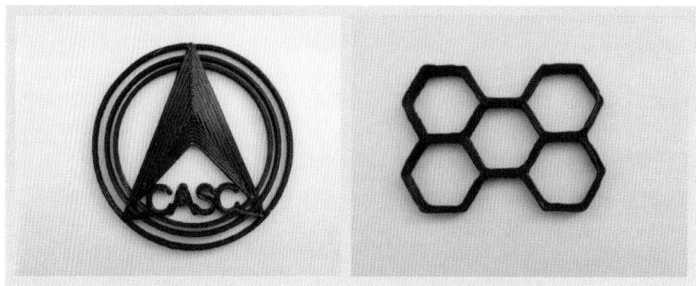

强复合材料太空 3D 打印实验。

连续纤维增强复合材料是当前国内外航天器结构的主要材料，重量轻，强度好，同时耐空间高低温环境能力强。它不仅是目前国内外航天器结构的主要材料，也是在未来太空 3D 打印中最有前景的材料之一。这次 3D 打印的两个样件均实现了碳纤维的长丝连续，为未来复合材料空间 3D 打印的应用奠定了重要的技术基础。目前，世界各国都在探索应用 3D 打印技术的创新方式，这项技术未来的潜力也是不可估量的。

北斗卫星导航系统

　　北斗卫星导航系统是中国自主研发的全球卫星导航系统。2020 年 6 月 23 日，北斗三号最后一颗全球组网卫星，在西昌卫星发射中心成功发射，至此，北斗三号 30 颗全球组网卫星全部到位。2020 年 7 月 31 日，北斗三号全球卫星导航系统正式开通，并向全球提供服务。

　　北斗卫星导航系统是中国的大型天基系统，是全球四大导航网络之一，其他全球导航网络还包括美国的 GPS、俄罗斯的 GLONASS 和欧盟的伽利略。北斗卫星导航系统采用独特的双向通信系统，能够满足人们在通信信号较差

地区的收发信息需求。这一功能并非单纯为用户在线聊天而设计，在灾害应急或信号屏蔽的情况下，北斗系统能发挥重要的作用。

故宫建成 600 年

2020 年是紫禁城建成 600 年，也是故宫博物院成立 95 周年。2020 年 9 月 10 日，"丹宸永固——紫禁城建成六百年"展览在故宫开幕。

故宫于明成祖永乐四年（1406 年）开始建设，到永乐十八年（1420 年）建成。在成为国家博物馆之前，故宫是明清两朝 24 位皇帝的居所，直到清朝最后一位皇帝溥仪于 1924 年被逐出宫。

　　故宫是世界上现存规模最大、最完整的古建筑群，位于北京市中心，占地72万平方米。故宫由大小数十个院落组成，房屋9000多间，布局都经过精心规划，其主要宫殿和厅堂都建在北京的南北中轴线上。整个建筑群按中轴线对称布局，主体突出，层次分明，集中体现了中国古代建筑艺术的优秀传统和独特风格，反映了中国人民的高度智慧和创造才能。

碳中和

二氧化碳等温室气体的排放会导致全球变暖。为解决这一问题，中国政府设定了新的目标，力争 2030 年前实现碳达峰，2060 年前实现碳中和。2020 年 9 月 22 日，中国国家主席习近平在第 75 届联合国大会上宣布了这一消息，这是中国首次向全球明确表态实现碳中和的时间点。

碳中和是指计算二氧化碳的排放总量，然后通过植树等方式把这些排放量吸收掉，实现二氧化碳"零排放"。要

▼ 姚峰 / 亚洲新闻图片网

达到碳中和，一般有两种方法：一是通过特殊的方式去除温室气体，例如碳补偿；二是使用太阳能、风能等可再生能源，减少碳排放。

关于碳达峰这一目标，中国此前承诺 2030 年左右碳排放达到峰值，现将时间点更新为 2030 年之前。根据气候行动追踪组织（CAT）的资料，如果中国实现这个目标，全球温度可望降低 0.2 ～ 0.3℃，这将是气候行动追踪组织测算历史上的最大降幅。

第七次全国
人口普查

中国第七次全国人口普查登记于 2020 年 11 月 1 日零时正式启动，持续至 2020 年 12 月 10 日，随后开展普查数据处理、汇总等工作，2021 年对外发布主要数据公报。此次普查，普查对象首次可选择自主填报，也可以由普查员上门登记。这次人口普查共有 700 多万名普查人员在普查一线逐户逐人进行登记。

中国人口普查每 10 年进行一次，此次普查登记的主要内容包括姓名、居民身份证号码、性别、年龄、民族、受

▼ 陈三虎 / 亚洲新闻图片网

教育程度、行业、职业、迁移流动、婚姻生育、死亡、住房情况等。

此次普查采用了多项新技术，应用于普查全流程中，成为保护公民隐私的屏障，同时也提高了普查工作的质量和效率。

统计结果将反映中国人口数量、结构、分布等方面的情况，为完善我国人口发展战略和政策体系、制定经济社会发展规划、推动高质量发展提供准确信息。人口普查与每个人的生活息息相关，意义重大。例如，在儿童数量较多的地区，公立学校可能会获得更多的资金支持。研究人员可以利用人口普查结果来预测不同城市的人口趋势。此外，人口普查还有助于了解居住在中国的外国人数量，以及中国人移居外国的人口数量。

奋斗者号

2020 年 11 月 10 日，中国自主研发的全海深载人潜水器奋斗者号在马里亚纳海沟成功坐底，深度 10,909 米，创下新纪录。

对于深海勘探来说，最大的挑战是水压。马里亚纳海沟被称为"地球第四极"，水压高、温度低、没有光线，是地球上环境最恶劣的区域之一，其最深处超过 11,000 米。而奋斗者号下潜的万米深处，水压超过 110 兆帕，相当于

2000头非洲象踩在一个人的背上。对奋斗者号而言，另一威胁来自海水本身，因为海水可能会腐蚀电子设备和电池。此外，水下通信、导航和跟踪是极其困难的，而在预算范围内保障探测器的后勤能力也绝非易事。

为了解决这些问题，中国科学家花费数年时间发明了一种新的钛合金，它重量很轻，但足够坚固。奋斗者号载人舱项目负责人杨锐称，他们攻克了载人舱材料、成型、焊接等一系列关键技术瓶颈，成功完成了舱体的焊接任务。奋斗者号是世界上第一艘可以同时搭载三人进行下潜并完成深海探测的载人潜水器。

慕　课

2020 年 12 月 9 日至 11 日，世界慕课大会在清华大学召开。这次大会以"学习革命与高等教育变革"为主题，是自慕课兴起以来首次以慕课为主题举办的全球性会议，旨在凝聚发展共识、汇聚创新力量、分享实践经验、展现技术前景，以推动世界慕课与在线教育建设、发展和共享。时任教育部部长陈宝生做主旨报告，分享了中国慕课与在线教育的实践、创新与探索。

陈宝生表示，2020 年，人类经历了百年来最严重的传染病大流行，为应对这一危机，中国政府作出了"停课不停教、停课不停学"的决定，和全国师生一起开展了一场

史无前例的大规模在线教育实践，成功应对了疫情危机，基本实现了在线教学与课堂教学的实质等效。中国教育已进入高质量发展新阶段，发挥慕课与在线教育优势，有利于构建方式更加灵活、资源更加丰富、学习更加便捷的全民终身学习体系，实现人人皆学、处处能学、时时可学。

嫦娥五号

2020 年 12 月 17 日凌晨，嫦娥五号返回器携带月球样品，采用半弹道跳跃方式再入返回，在内蒙古四子王旗预定区域安全着陆。历经 23 天，嫦娥五号闯过地月转移、近月制动、环月飞行、月面着陆、自动采样、月面起飞、月轨交会对接、再入返回等多个难关，成功携带月球样品返回地球，完成了这次意义非凡的太空之旅。

嫦娥五号月球探测器带回了 1713 克月球样本，这是继 1976 年苏联的月球 24 号探测器发射以来，首次有国家

再赴月球采样返回。中国是继美国和苏联之后，全球第三个实现该目标的国家。

接下来，科学家们将进行各种分析、测试和实验，确定月球样本的组成结构和物理特征。这些信息将有助于推进对月球火山活动和演化历史的认识，以及对整个太阳系的认识。

嫦娥五号采样返回是中国探月工程"绕、落、回"三步走的最后一步，标志着中国航天向前迈出了一大步。

2021

消除绝对贫困

中国空间站

老龄化社会

"双减"政策

亚洲象北迁

共同富裕

Z世代

《生物多样性公约》缔约方大会第十五次会议

第四届中国国际进口博览会

元宇宙

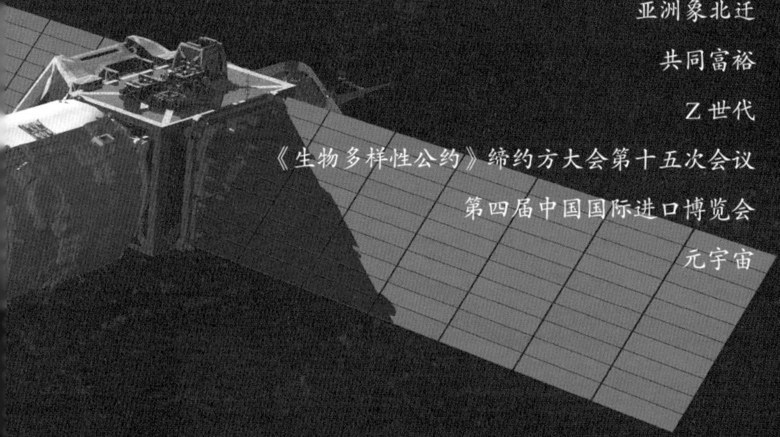

消除绝对贫困

TARGETED POVERTY RELIE
CHINA'S WAY TO
ACHIEVE PROSPERITY

2021 年 2 月 25 日，中共中央总书记、国家主席、中央军委主席习近平在全国脱贫攻坚总结表彰大会上庄严宣告："经过全党全国各族人民共同努力，在迎来中国共产党成立一百周年的重要时刻，我国脱贫攻坚战取得了全面胜利。"现行标准下 9899 万农村贫困人口全部脱贫，832 个贫困县全部摘帽，12.8 万个贫困村全部出列，区域性整体贫困得到解决。中国完成了消除绝对贫困的艰巨任务，创造了又一个彪炳史册的人间奇迹。

中国威震史上的

中国奇迹

—— ·消除绝对贫困· ——

186 ERADICATING ABSOLUTE POVERTY

脱贫攻坚战全面胜利，中华民族在几千年发展历史上首次整体消除绝对贫困，实现了中国人民的千年梦想、百年夙愿。脱贫攻坚战全面胜利，极大增强了人民群众的获得感、幸福感、安全感，彻底改变了贫困地区的面貌，改善了生产生活条件，提高了群众的生活质量。

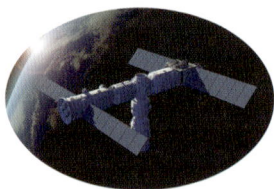

中国空间站

2021 年 4 月 29 日，长征五号 B 遥二运载火箭搭载中国空间站（天宫空间站）天和核心舱，在海南文昌航天发射场发射升空，成功地将空间站天和核心舱准确送入预定轨道。

1992 年，中国政府提出载人航天工程"三步走"发展战略：第一步，发射载人飞船，建成初步配套的试验性载

▼ 王程龙／亚洲新闻图片网

人飞船工程，开展空间应用实验；第二步，突破航天员出舱活动技术、空间飞行器的交会对接技术，发射空间实验室，解决有一定规模的、短期有人照料的空间应用问题；第三步，建造空间站，解决有较大规模的、长期有人照料的空间应用问题。

　　天和核心舱是中国空间站发射入轨的首个舱段，中国空间站的建设正式拉开了帷幕。中国空间站计划于 2022 年底完工，布局为 T 字形，中心为天和核心舱，两侧为实验舱。天和核心舱将作为空间站的主要控制中心，能够同时容纳 3 名航天员工作生活长达 6 个月。

　　中国计划将天宫站建设成为国家级的太空实验室，支持驻留并开展长期大规模的科学研究。当前，中国正在组织航天员长期实施中国空间站首批国际合作项目，中国空间站欢迎外国航天员来访。

老龄化社会

2021 年 5 月 11 日，国家统计局公布了第七次全国人口普查主要数据结果，包括人口统计数据以及人口变化趋势。数据显示中国人口稳步增长，2020 年人口数量达到 14.1 亿，与 2010 年相比，增长了 5.38%，人口增长率处于较低水平。我国 60 岁及以上人口已超 2.64 亿，占 18.70%，人口老龄化呈加速增长的态势，增速远超预期。

▼ 赵敬东 / 亚洲新闻图片网

　　中国政府高度重视，并致力于解决人口老龄化问题，积极发展老龄事业。"十四五"规划和2035年远景目标纲要明确提出，实施积极应对人口老龄化国家战略，完善养老服务体系，推动养老事业和养老产业协同发展，健全基本养老服务体系，大力发展普惠型养老服务，支持家庭承担养老功能，构建居家社区机构相协调、医养康养相结合的养老服务体系；完善社区居家养老服务网络，推进公共设施适老化改造，推动专业机构服务向社区延伸，整合利用存量资源发展社区嵌入式养老。随着人口老龄化进一步加深，中国将采取措施积极应对老年人口数量和比重的过快增长。

"双减"政策

  2021 年 7 月 24 日，中共中央办公厅、国务院办公厅印发《关于进一步减轻义务教育阶段学生作业负担和校外培训负担的意见》，自此，"双减"工作拉开序幕。"双减"政策使学生有更多的空闲时间去追求个人的兴趣爱好。政府还鼓励博物馆为学生提供免费开放服务，举办更多有趣的活动，以丰富学生的课余生活。

▼ 翟慧勇 / 亚洲新闻图片网

 2021 年 12 月，教育部公布"双减"政策工作进展。各地各校普遍制定了比较完善的作业管理办法，90% 以上的学生能够在规定时间内完成书面作业。

 国家统计局在 2021 年秋季开学后的专题调查显示，校内减负成效初显，作业负担明显减轻，73% 的家长表示孩子完成书面作业时间比"双减"前明显减少，85.4% 的家长对学校课后服务表示满意。"双减"政策在很大程度上减轻了学生的学业负担，缓解了家长的教育焦虑。

亚洲象北迁

2021 年 8 月 8 日，14 头北迁亚洲象徐徐走过云南玉溪市元江县老 213 国道元江桥，消失在南岸的丛林中，北迁亚洲象群助迁工作取得决定性进展。近两个多月来，这场罕见的野生亚洲象远距离迁移活动，引起了国内外的广泛关注。

亚洲象北迁途中，工作人员的精心守护，沿途群众的动物保护意识，大象簇拥着小象抱团睡觉的动人画面，都

▲ 云南省森林消防总队 / 亚洲新闻图片网

深深打动了人们。亚洲象北迁途中的一幕幕情景，成为中国促进人与自然和谐共生的生动范例。

这次象群北迁的路线几乎覆盖半个云南。各地各部门采取柔性措施，通过隔离围挡、投喂象食等方式，引导象群避开村镇、城市人口密集区，确保人象安全。8 月 12 日是世界大象日，在第 10 个世界大象日到来之际，云南交出了一份令人满意的保护亚洲象的答卷。

近年来，中国把生态文明建设放在突出地位，采取有力措施，保护珍稀野生动物。亚洲象种群扩散，是我国生态环境持续向好的一个体现。

共同富裕

2021 年 8 月 17 日，中央财经委员会第十次会议在北京召开，会议就促进共同富裕问题作出部署。习近平总书记在会上发表重要讲话强调，共同富裕是社会主义的本质要求，是中国式现代化的重要特征。"共同富裕"的概念最早是 20 世纪 50 年代提出的。自 2012 年中国共产党第十八次全国代表大会以来，中国共产党坚持以人为本的根本宗旨，发起一系列倡议，力争实现共同富裕。

共同富裕不是同时富裕、同步富裕、同等富裕，而是要沿着从局部到整体、从量变到质变的进程逐步实现。在具体的实现路径上需要鼓励一部分人、一部分地区先富起来，先富带后富、帮后富，逐步实现共同富裕。

▼ 胡学军 / 亚洲新闻图片网

Z 世代

　　"Z 世代"通常指在 1995 年至 2009 年间出生的人，又称"网络世代""互联网世代"，统指受互联网、智能手机和平板电脑等科技产品影响很大的一代人。随着时间的推移，Z 世代正逐步迈入职场，将成为未来 5 到 10 年的职场主力军。Z 世代的成长环境比较特殊，他们生活在一个科技发展迅速、社会日新月异、互联网普及的时代。Z 世代代表未来，塑造未来，这也是政策制定者、社会学家以及各大企业努力了解这群年轻人的原因。

▼ 武晓慧 / 亚洲新闻图片网

Z世代一出生就与网络信息时代无缝对接，社交媒体改变了他们交流和获取信息的方式。Z世代成长在社会变化之中，他们更活跃，更关心政治议题。Z世代是文化的创造者。互联网的普及将Z世代从传统文化的表达中解放出来。这些年轻人富有创造力，不愿受到来自父母或传统规矩的限制。他们在网上观看视频、浏览新闻，并热衷于在社交媒体上分享自己的生活。展望未来，Z世代将成为推动各国社会发展的中流砥柱，其重要性不言而喻。

2021年10月19日，中国驻美国大使秦刚在"Z世代"中美青少年交流对话会上致辞，他表示，"Z世代"代表着未来和希望，世界将属于"Z世代"，他们的未来无限可期。

《生物多样性公约》缔约方大会第十五次会议

《生物多样性公约》于 1992 年 6 月 1 日在联合国环境与发展大会上通过，于 1993 年 12 月 29 日正式生效。《生物多样性公约》旨在保护并合理利用全球生物资源。自 1994 年起，每两年数千名来自不同国家的代表齐聚缔约方大会，讨论如何保护生物多样性。

2021 年 10 月 11 日至 15 日，《生物多样性公约》缔约方大会第十五次会议（COP15）第一阶段会议在云南昆明

召开，大会主题为"生态文明：共建地球生命共同体"。会议通过了具有里程碑式意义的《昆明宣言》。

《昆明宣言》承诺确保制定、通过和实施一个有效的"2020年后全球生物多样性框架"，以扭转当前全球生物多样性丧失趋势，并确保最迟在2030年使全球生物多样性走上恢复之路。会议期间，中国宣布，将率先出资15亿元人民币，成立昆明生物多样性基金，支持发展中国家生物多样性保护事业。

第四届中国国际
进口博览会

中国国际进口博览会（简称"进博会"）是世界上第一个以进口为主题的国家级展会。作为世界上最具影响力的展览之一，自 2018 年首次举办以来，进博会汇集全球商业机遇，促进了各国的繁荣发展。

第四届中国国际进口博览会于 2021 年 11 月 5 日至 10 日在上海国家会展中心举行，此次展会吸引了来自 127 个国家和地区的近 3000 家参展商。展会共设食品及农产品、汽车、技术装备、消费品、医疗器械及医药保健、服务贸易六大展区。

The 4th China International Import Expo

Shanghai
Nov. 5–10, 2021

▲ 黔昶 / 亚洲新闻图片网

　　在新产品发布专区，60 多家参展商推出了 100 多种新产品、前沿技术及创新服务，其中超过一半的产品是首次向世界展示。

　　除了高科技之外，"绿色"和"低碳"是本届进博会的两个关键词。中国政府力争在 2030 年前实现碳达峰，并在 2060 年前实现碳中和，众多企业纷纷以实际行动响应这一号召。新设立的能源低碳和环保技术专区，吸引了全球多家参展企业展示绿色低碳的产品和技术。

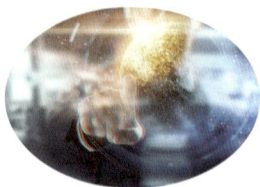

元宇宙

  2021 年被称为元宇宙元年。元宇宙是利用科技手段进行链接与创造的、与现实世界映射与交互的虚拟世界，是具备新型社会体系的数字生活空间。元宇宙一词最早出现于 1992 年出版的科幻小说《雪崩》。在小说中，人们戴上耳机和目镜，找到连接终端，就能够以虚拟分身的方式进入元宇宙。如今，小说中虚构的技术正在成为现实。元宇宙打造了一个全新的虚拟世界，能给人们带来极强的代入感和沉浸感。通过模拟人类的感官，这种技术能带来真实

▼ 陈玉宇 / 亚洲新闻图片网

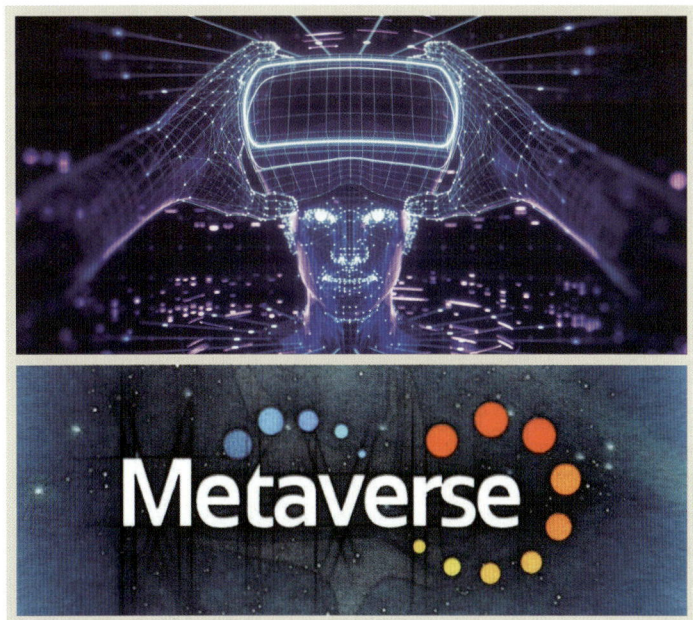

的视觉、听觉、触觉，甚至是嗅觉体验。元宇宙不仅消除了物理空间上的距离局限，更创造了多种新场景供人们探索。人们可以通过虚拟现实技术（VR）进入元宇宙。在元宇宙里，人们可以做任何想做的事，比如去朋友家玩儿或去月球旅行。

热门游戏可以接入元宇宙，打造全新的游戏体验，比如玩家可以进入游戏世界或参加虚拟派对。不论好友还是陌生人，都能够在虚拟世界中相聚，发挥无限想象。当然，有些人认为这些体验并不是真实的。或许，未来元宇宙能够改变人们对现实的定义。

央视春晚 40 周年

2022 年北京冬季奥运会

冰墩墩和雪容融

中国女足亚洲杯夺冠

长征八号

天宫课堂

《梦华录》

中国式现代化

央视春晚
40 周年

中央广播电视总台春节联欢晚会（简称为"央视春晚"或"春晚"）是中国中央广播电视总台在每年除夕之夜为了庆祝新年而举办的综合性文艺晚会。晚会涵盖小品、歌曲、歌舞、杂技、魔术、戏曲、相声等多种艺术形式。

1983 年，中央电视台成功举办了首届现场直播形式的春节联欢晚会。2022 年 2 月，央视春晚迎来了 40 周年。多年来，在除夕夜看春晚已经成为海内外华人的传统，春晚陪伴电视机前的无数个家庭欢度了多年的春节，给人们

带来了无数欢声笑语和难忘回忆，观众也见证了春晚的成长与变化。

随着创作环境的变化和受众审美品位的提升，春晚创作者也不断对春晚进行探索与创新。春晚走过了文艺节目汇演、文化时尚追踪和新民俗传播三个阶段，在探寻节目内容和形式方面积累了丰富的经验。如今的春晚融入了更多的高科技元素，继续描绘中华民族伟大复兴的光明前程，呈现亿万人民意气风发的奋斗姿态。

2022 年北京冬季奥运会

第 24 届冬季奥林匹克运动会，即 2022 年北京冬季奥运会，于 2022 年 2 月 4 日开幕，2 月 20 日闭幕。北京见证了竞技体育的荣耀与梦想，凝聚了人类社会的团结与友谊。在 2022 年北京冬奥会上，来自 91 个国家和地区的 2800 多名运动员角逐 109 枚金牌。其中超过 45% 的选手是女性，女性运动员比例创冬奥会历史之最。

北京冬奥组委会主席蔡奇说，运动员们在比赛中勇敢地超越极限，创造了许多新的世界纪录和奥运会纪录，生动地诠释了奥林匹克格言：更快、更高、更强——更团结。

景卫东 / 亚洲新闻图片网

　　除了比赛之外，作为全球首个"双奥之城"，北京展现出的独特魅力以及为所有参赛选手提供的周到服务备受赞誉。北京冬奥会是新冠肺炎疫情期间首次如期举办的全球综合性体育盛会。北京冬奥会全力克服新冠肺炎疫情影响，将所有参赛选手的健康和安全放在首位，兑现了对国际社会的庄严承诺，确保了冬奥会如期顺利举行。

　　北京冬奥会以"一起向未来"为主题口号，为这座城市留下了丰富的遗产，带动了3.46亿人参与冰雪运动，实现了以可持续的方式举办奥运会这一理念。

冰墩墩和
雪容融

2022 年北京冬奥会期间，吉祥物冰墩墩和雪容融一跃成为"顶流"，销售火爆。

冰墩墩以熊猫为原型进行设计创作，将熊猫形象与富有超能量的冰晶外壳相结合。头部外壳造型取自冰雪运动头盔，装饰彩色光环，其灵感源于北京冬奥会的国家速滑馆——"冰丝带"，流动的明亮色彩线条象征着冰雪运动的赛道和 5G 高科技，整体形象酷似航天员，充满未来科技感。

▼ 牛云岗／亚洲新闻图片网

冰墩墩寓意创造非凡、探索未来，体现了追求卓越、引领时代，以及面向未来的无限可能。

雪容融的设计灵感来源于春节期间家家户户悬挂的大红灯笼，代表收获、喜庆、温暖和光明，同时融入冰雪元素，与中国传统文化中"瑞雪兆丰年"的美好寓意深度结合。"雪"象征洁白、美丽，是冰雪运动的特点；"容"意喻包容、宽容、交流互鉴；"融"意喻融合、温暖、相知相融。"容融"表达了世界文明交流互鉴、和谐发展的理念，体现了通过残奥运动创造一个更加包容的世界和构建人类命运共同体的美好愿景。雪容融的主色调为红色，与北京冬季残奥会举办时正值中国春节的节日氛围相吻合。

中国女足
亚洲杯夺冠

2022 年 2 月 6 日，中国女足 3 : 2 逆转绝杀韩国，时隔 16 年重夺女足亚洲杯冠军。无数中国网友在社交网络上兴奋地刷屏，称赞中国女足在这场比赛中的出色表现。比赛上半场，韩国队通过一个运动战进球外加一个点球暂时以 2 : 0 领先，但中国女足的姑娘们没有放弃。下半场，中国队通过一个点球和一个运动战进球扳平比分。在加时赛

第 93 分钟，肖裕仪打入制胜球，中国女足第 9 次获得亚洲杯冠军。女足主教练水庆霞称，亚洲杯的成功归功于女足姑娘们永不放弃的战斗精神，这种精神对比赛而言至关重要。

长征八号

2022 年 2 月 27 日上午，长征八号遥二运载火箭飞行试验在中国文昌航天发射场顺利实施，火箭飞行正常，试验取得圆满成功。此次飞行试验共搭载了 22 颗卫星，创中国一箭多星发射的最高纪录。

"一箭多星"是指一枚运载火箭同时或先后将多枚卫星送入预定轨道的技术。一次要将这么多卫星安全顺利送达目的地，首先要解决"乘客"们在整流罩内的布局问题。

▼ 刘帅冶 / 亚洲新闻图片网

研制人员充分梳理了卫星的结构形式和任务需求，创新设计了一款三层多星分配器，能在有限的整流罩空间内，为每颗卫星安排舒适的"座位"，并且保证卫星在不同方向的分离足够安全。

航天科技集团一院长征八号运载火箭副总指挥段保成说："本次任务一共需完成22星分离，共计完成12次分离动作，创造了中国航天的新纪录。可以说星箭分离中长八火箭宛如跳了一出'芭蕾'，最终22颗星的释放就如'天女散花'一般。"

天宫课堂

2022 年 3 月 23 日下午，"天宫课堂"第二课在中国空间站开讲，授课内容面向全球观众进行直播。

此次太空授课活动继续采取天地对话方式进行，神舟十三号乘组航天员翟志刚、王亚平、叶光富相互配合进行授课，生动演示微重力环境下太空"冰雪"实验、液桥演示实验、水油分离实验、太空抛物实验，介绍并展示空间科学设施。此次授课旨在传播普及空间科学知识，激发广大青少年不断追寻"科学梦"、实现"航天梦"的热情。

其中，太空抛物实验演示了天地之间抛物的区别，北京冬奥会吉祥物冰墩墩担任"助教"。王亚平将冰墩墩抛出

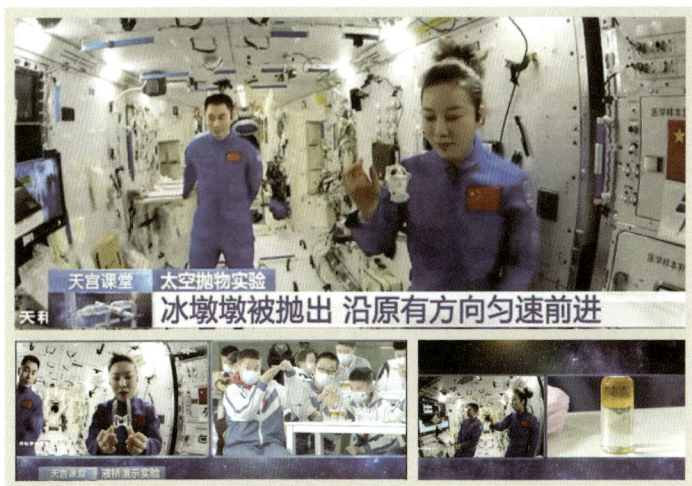

后，冰墩墩没有下坠，而是沿原有方向匀速前进。课程最后，王亚平说："今年空间站'问天'实验舱和'梦天'实验舱发射入轨后，我们在轨会拥有更强大的科研能力，天宫课堂也会更加精彩。"

中国航天员真诚邀请社会各界特别是广大青少年在地面同步尝试开展相关实验，从天地差异中感知宇宙的奥秘、体验探索的乐趣。

《梦华录》

　　《梦华录》是 2022 年广受中国观众喜爱的热播古装剧。该剧由杨阳执导，张巍编剧，改编自元代关汉卿的杂剧《赵盼儿风月救风尘》。该剧以繁华的宋朝都城东京（今河南开封）为背景，讲述了三位女主人公赵盼儿（刘亦菲饰）、孙三娘（柳岩饰）、宋引章（林允饰）经历各种困境，携手勇闯东京，在皇城司指挥使顾千帆（陈晓饰）的帮助下，历经各种艰难努力成就一番事业的故事。

从《梦华录》中，观众能感受到充满烟火气和市井感的宋代百姓的生活，其中不少情节蕴含了中国传统文化之美。中国传统"茶"文化贯穿全剧，这与宋代饮茶之风盛行密不可分。赵盼儿原是钱塘（今浙江杭州）一家茶坊的老板，因故到东京后，与孙三娘、宋引章继续经营茶楼生意。剧中的"点茶"，以"碾茶、热盏、击拂、水痕"一系列工艺流程，还原了中国传统非遗手艺"茶百戏"的韵味。

茶百戏是起源于唐朝并于宋朝时期盛行的一种极致的茶文化，曾被称为分茶、水丹青、汤戏、茶戏，等等。茶百戏是一种能使茶汤纹脉形成物象的古茶道，其特点是仅用茶和水就能在茶汤中显现出文字和图像。导演杨阳专门邀请非遗茶百戏代表性传承人章志峰给全剧组讲课，希望能借剧中赵盼儿一角，展示中国传统非遗茶百戏的韵味。

中国式现代化

2022 年 10 月 16 日，习近平总书记在中国共产党第二十次全国代表大会的报告中指出："从现在起，中国共产党的中心任务就是团结带领全国各族人民全面建成社会主义现代化强国、实现第二个百年奋斗目标，以中国式现代化全面推进中华民族伟大复兴。"

中国式现代化，是习近平新时代中国特色社会主义思想的一个原创性科学概念，是贯穿党的二十大报告全篇的一个关键词。2021年，在庆祝中国共产党成立100周年大会上的讲话中，习近平总书记首次提出这一科学概念。

中国式现代化，是中国共产党领导的社会主义现代化，既有各国现代化的共同特征，更有基于自己国情的中国特色。中国式现代化是人口规模巨大的现代化，是全体人民共同富裕的现代化，是物质文明和精神文明相协调的现代化，是人与自然和谐共生的现代化，是走和平发展道路的现代化。

中国式现代化的本质要求是坚持中国共产党领导，坚持中国特色社会主义，实现高质量发展，发展全过程人民民主，丰富人民精神世界，实现全体人民共同富裕，促进人与自然和谐共生，推动构建人类命运共同体，创造人类文明新形态。

版权声明

本书中所涉及的部分图片在图书出版前未联系到相关著作权人，本书出版后请相关著作权人及时与我社联系，我们将按照《中华人民共和国著作权法》的相关规定支付使用费用。特此声明。

北京语言大学出版社

2022 年 12 月